ウィーンに六段の調

——戸田極子とブラームス

萩谷由喜子

中央公論新社

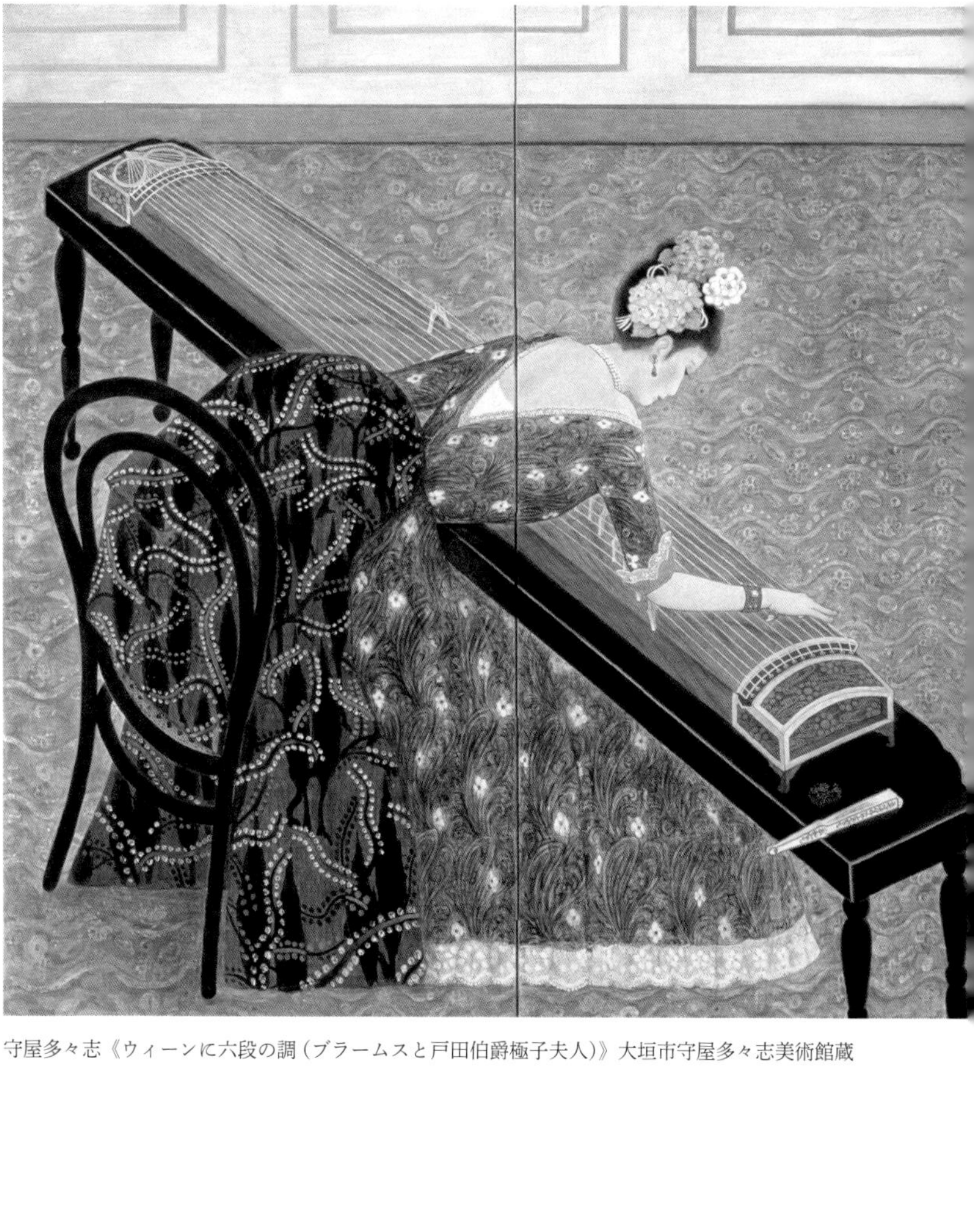

守屋多々志《ウィーンに六段の調（ブラームスと戸田伯爵極子夫人）》大垣市守屋多々志美術館蔵

守屋多々志《アメリカ留学(津田梅子)》津田塾大学蔵

百武兼行《ライオンと格闘する男》霞会館蔵
ルーベンス《ヘラクレスとネメアのライオン》の模写

目次

本文組・装丁　濱崎実幸

ウィーンに六段の調――戸田極子とブラームス

＊登場人物の年齢は基本的に満年齢で記し、存命中に改暦のあった人物で出生年が旧暦と新暦で相違する場合は新暦によって計算した。

＊「こと」という弦楽器は「琴」と「箏」に大別される。当用漢字ではどちらも「琴」を当てるが、「琴」は可動式の駒である「柱《じ》」を用いず左手の押さえによって音程を変えるのに対して、「箏」はすべての弦に予め「柱」を立てて基本調弦を済ませておく。本書に登場する「こと」は後者であるので「箏」と表記する。

プロローグ《ウィーンに六段の調》

ヨハネス・ブラームスが日本を訪れたことはない。

彼の生国ドイツ、当時のプロイセンと日本との間に日普修好通商条約が結ばれて国交が開かれたのは一八六一年。中年以後を過ごしたオーストリアとの日墺修好通商航海条約の締結によって公的に人の行き来が始まったのは一八六九年である。

従って、一八三三年に北ドイツのハンブルクに生まれ、一八九七年にウィーンで亡くなったブラームスはもう充分に、合法的来日可能な時代のヨーロッパ人なのだが、彼が来日したという記録は、ブラームスの伝記資料にも、日本側の来日外国人関係資料にも見出せない。

本書の第六章に詳述するように、彼は二十歳だった一八五三年にハンガリー出身のヴァイオリニスト、エドゥアルト・レメーニの伴奏ピアニストに雇われて、レメーニのドイツ演奏旅行に随行したことがある。このレメーニは一八八六年、明治十九年七月にアジア演奏旅行の一環として日本に

ブラームスとレメーニ（右）

立ち寄り、神戸、横浜、東京で演奏会を開いた。

もしも、ブラームスがその後も長らくレメーニの伴奏ピアニストを務めていたとしたら、レメーニと共に日本の土を踏む可能性もあったわけだが、レメーニがこのアジア演奏旅行に帯同したのは別のピアニストだった。

では、ブラームスは日本人に会ったことも、日本の事物に接したこともなかったのだろうか。

そんな漠然とした思いを温めていたとき、一点の屛風絵の存在を知った。

岐阜県大垣市出身の日本画家、守屋多々志《もりやただし》画伯（一九一二―二〇〇三）が傘寿を迎えようとする平成四（一九九二）年に制作し、同年の第七十七回院展に出品した大作で、大型の四曲屛風に描かれた日本画である（口絵参照）。

その屛風絵は、白いあごひげを蓄えた初老の男が、ドレス姿の楚々とした貴婦人の弾く箏《そう》（琴《こと》）の調べに耳を傾けている構図である。タイトルは《ウィーンに六段《ろくだん》の調《しらべ》》。副題として括弧書きで（ブラームスと戸田伯爵極子夫人）とあるので、男がブラームスであることは間違いない。そして、貴婦人のほうは、戸田伯爵極子《きわこ》夫人というからには、紛れもない日本女性である。

この絵に描かれた場面は、実際に起きた光景をもとにしているのだろうか。画家の空想の産物ではなく、確かな史実を踏まえているとすれば、ブラームスは日本に来たことはなくとも、日本人と、それも美しい伯爵夫人と出会い、彼女から日本の箏の演奏を聴かせてもらったことがあったのだ。この絵の場面はいったいどこだろうか。

あの気難しそうな、堅いイメージの作曲家に、こんな風雅な一シーンがあったのなら、何と心の和む、嬉しいことだろう。日本の箏に関心を示してくれていたとは、何と誇らしいことだろうか。

この絵に突き動かされた筆者は、描かれている場面の背景を探る一方、この絵の実物に会いたくて、二〇一五年十二月九日、岐阜県大垣市にある「大垣市守屋多々志美術館」を訪れた。ここは守屋画伯の作品のみを収蔵、展示する個人美術館だ。実はその十年ほど前にも一度、下調べもせずに足を運んだところ、展示期間ではなく、この絵に会うことができなかったのだ。

繊細な天然素材を用いる日本画は、温度や湿度の変化から影響を受けやすい。そのため、同美術館では、完成当時の優美な色合いと柔和な画質を長く後世に伝える意図から、常設展示コーナーというものは設けず、二か月に一回程度、その都度、展示品を入れ替えて、特別展、あるいは企画展として来館者の鑑賞に供していたのだが、初回はそんなことも知らず、ここへ来ればあの絵と会えるものと呑気にやってきて、大いにがっかりしてしまった。

二度目のこの日は、事前に確認してきたので、展示中であることは間違いない。どこにあるのだろうか。早く目にしたいものだ。

逸《はや》る心を押さえながら、二階の展示室に足を踏み入れた瞬間、真正面に飾られた巨大な屏風絵が目に飛び込んできた。想像していたよりもはるかに大きい。

縦一七一センチ、横三六五センチ。畳四畳弱ほどもある。浮世絵と同様のデフォルメされた画法なので、人がこのような姿勢をとることはありえないが、守屋画伯の筆は、そこで実際に演じられているかのような迫力を以て、この場面を描き出していた。

全体に端麗な青紫を基調とした画面の、向かって左側では、紫色のドレス姿の楚々とした貴婦人が、黒の漆塗りらしい立奏台に向かい、上半身を乗り出すようにして、ほっそりとした白い手で台上の箏を奏でている。ドレスの背の深い切れ込みからのぞく艶めいた背中が、観る者の目をまぶしく射る。体の正面を箏に向ける演奏角度は、この貴婦人が山田流の奏者であることを示している。

画面の反対側に目をやると、アラベスク模様の一人掛けソファに身を沈めたブラームスが、手にした譜面に目を落としている。貴婦人の箏演奏と譜面とを照合しつつ、目で音符を追っているようだ。右手にはペンが握られ、気づいたことをその都度、書き込もうとしている気配である。

右隅には、サイドテーブルのほんの一隅が描かれ、そこに置かれた香炉から一筋の香の煙が立ち昇っている。そのほんのわずかな揺れが、この部屋に楽の調べが流れていることを見事に表現し、この絵をみる者に雅な薫香を嗅いだかのような錯覚まで抱かせる。

この絵に描かれたような熟年期のブラームスは、すでに四曲の交響曲や有名なヴァイオリン協奏曲、二曲のピアノ協奏曲など主要作品の大半も書き上げ、数々の栄誉にも浴して、国際的な世評を確立していた。

その巨匠相手に箏を弾じている「戸田伯爵夫人極子」とは、安政四年、すなわち一八五七年十一月、新暦では五八年一月に生まれ、昭和十一（一九三六）年に没した実在の伯爵夫人で、その夫、戸田氏共《うじたか》伯爵（一八五四―一九三六）は明治二十（一八八七）年から二十三年までの三年あまり、オーストリア＝ハンガリー特命全権公使を務めた。この間、妻の極子と四人の子どもたちもウィーンに在住していた。

一方、若い頃は各地を転々としたブラームスも一八六九年からウィーンに定住するようになり、一八七一年末には、楽友協会に程近い、カールスガッセ四番地に三部屋ばかりの気に入った住居を手に入れ、ここを終の棲家として一八九七年に亡くなった。だから、時間的、空間的に、二人がこの絵にあるような音楽交流の一場面を持つことは充分にありうる。どうやらこれは、実際にあったことを題材とした絵のようだ。

しかし、いったい、いかなる経緯でこの場面が実現したのか。ブラームスに箏を弾いて聴かせた戸田極子とは、どのような女性なのか。彼女の箏演奏はブラームスに何をもたらしたのか。

美貌の伯爵夫人のドラマに満ちた生涯をたどりながら、ブラームスとの出会いのいきさつを探った。

第一章　岩倉具視の娘

ままごと遊びで父を救う

「極子《きわこ》、恒子《つねこ》、ええ子やから、おでえさん（お父さん）の言うことをようおききやっしゃ。ええかえ、この茣蓙《ござ》の上でおままごとをしてお遊びやすや。こわいお人たちがぎょうさんきいはるけれども、おままごとをやめてはあきまへん。そのお人たちがいぬまで、なんも気いにせんと、おままごとをお続けやすや」

ある日、父は緊迫した面持ちで、裏庭にいくつも積まれた稲山の一つの前に茣蓙を敷いて人形やままごと道具を並べ、幼い極子と妹の恒子に、このように言い聞かせた。

言われるままに姉妹がままごと遊びを始めると、父はその茣蓙のすぐ後ろの稲山の中に身を隠した。するとまもなく、血走った目をした暴徒たちが、竹槍や刀、鋤、鎌を手に姉妹の前に現れた。

「ちっ、子どもは呑気にままごとか」

「これでは、きゃつはもう逃げたのかも知れんな」

それでも、男たちは稲山の群れを怪しんだ。

「そうだな、まさか、この中に隠れてはおらんだろうな」

男たちは稲山に次々と竹槍を突き刺していったが、無心にままごと遊びに興じる幼い姉妹の姿に気勢をそがれ、そのすぐ後ろの稲山にまでは手をつけずに立ち去った。

男たちの気配が完全に消えると、父が稲山から這い出してきた。

「やれやれ、こなたさんらのおかげさんで、おするするとましゃりました」

父の無事な姿をみた極子は、張り詰めていた心の糸が一気に解けてわっと泣き出した。すると、二歳の恒子も姉につられるようにして大泣きしたが、幸い、その泣き声が暴徒たちに届くことはなく、彼らは二度と戻ってはこなかった。


この日、娘たちのままごと遊びを隠れ蓑にするという咄嗟の機転により、辛くも難を逃れた極子の父親は、公家の岩倉具視《ともみ》(一八二五―八三)である。

文久二(一八六二)年、公武合体の立場から、孝明《こうめい》天皇の妹和宮《かずのみや》を将軍徳川家茂《いえもち》に降嫁させる策を推進した具視は、廷臣であるにもかかわらず、幕府勢力の温存に与《くみ》した、という誹《そし》りを受けて失脚し、洛北岩倉村の実相院近くに蟄居《ちっきょ》の身となった。

岩倉村といえば、いかにも岩倉家ゆかりの地のように聞こえるが、たまたま同名だったというだけで、祖先の地でもなければ、同家の所領があったわけでもない。この村の三四郎という百姓のもとへ、かつて次男の具定《ともさだ》（一八五二―一九一〇）を里子に出していた縁があったため、その三四郎の口利きで、同村の藤屋藤五郎の持ち家を借り受けることができたに過ぎない。

もともと貧乏公家の岩倉家は、この洛北の小村でさらなるどん底時代を迎える。貧窮には何とか耐えられても、朝敵として勤王の志士たちから命を付け狙われるのは、たまったものではない。

この日も、具視を奸物《かんぶつ》と憎んで亡き者にしようとする勤王派の暴徒たちが、彼の茅屋《ぼうおく》を襲ったのである。

堀河家の「岩吉」、岩倉家の養子となる

岩倉具視は、文政八（一八二五）年、仁孝《にんこう》、孝明の二代の天皇に仕えて従二位中納言にまで昇った公家、堀河康親《やすちか》の次男に生まれた。幼名を周丸《かねまる》といったが、公家の子らしからぬ自然児風の逞しさがみられたため、公家の子女仲間ではもっぱら、

「岩吉、岩吉」

と呼ばれていた。

一方、幼いときから頭脳明晰で、朝廷儒学者の伏原宣明《ふせはらのぶはる》（一七九〇―一八六三）の門に入って儒学を学ぶや、たちまち頭角を現し、「将来の大器」との折り紙を付けられる。師の推薦により天保九

（一八三八）年、数え年十四歳でほぼ同格の公家、岩倉具慶《ともやす》の養子となり、このとき、師の宣明から具視の名を与えられる。

公家の次男以下に生まれた者は寺にやられて僧侶となるしかない当時にあって、他の公家の養子に迎えられたことが、具視の運の始まりといえるが、堀河家と岩倉家はかねてから提携関係にあって、相互に便宜を図り合っていたから、具視の養子縁組も両家の予定調和だったと考えられる。

他家から養子を迎える公家は、幕府と公家との間を調整する役目の公家「武家伝送」を仲介役として格式ばった書類を提出し、幕府の許可を得なければならない。その煩雑な手続きを逃れるために、口実をもうけて届け出を省略するのが、公家たちの常套手段だった。手続きの面倒さもさることながら、自分たちの間で合意して養子縁組を結ぶのに、なんだっていちいち、「関東の代官」如きに請い願い出なければならないのか、そんなことまで差配されるのはまっぴらだという、反幕府精神の表れでもあった。

具視の場合も、実際には堀河家の次男であるのに、もともと岩倉家の子として生まれたものを堀河家で養育してもらい、このほど、本来の親元へ帰してもらった、という筋書きを拵《こしら》え、幕府への届け出なしに養子縁組を済ませている。そのため、具視と娶《めあ》わせる予定の岩倉家の娘誠子《みちこ》（一八三三―七四）を、逆に、具視の生家堀河家の実子ということにして、改めて岩倉家の養女の形で迎え入れる態《てい》をとった。公家の世界ではこうした虚構が日常茶飯事であった上に、側室や侍女から出生する子も多かったから、系図をみただけでは、実際の親子関係は浮かび上がってこない。

ともあれ、周丸から改まった具視は、同年に従五位下に叙せられて元服し、翌年から朝廷に出仕した。

具視が岩倉家に入ったとき、妻となるべき誠子はまだ五歳であったから、二人が実際の夫婦になるには十年ほど待たなければならない。その間の天保十三（一八四二）年、具視は、名前の伝わっていない侍女との間に男児の太郎麿をもうけている。

太郎麿は興福寺に預けられて僧侶教育を受け、長じて同寺の子院の住職となる。のちの話だが、明治新政府の重鎮となった実父具視は彼を還俗させ、岩倉具義《ともよし》（一八四二―七九）の名を与えて、南岩倉家を起こさせた。

太郎麿の誕生から七年後の嘉永二（一八四九）年、具視と正室・誠子との間に長女の増子（あるいは満寿子）が生まれた。誠子はそのあと長らく子宝に恵まれず、かなりのちに、静子《やすこ》を生んだ。しかし、誠子が男児を挙げることはなかったため、岩倉家では正室腹の長女増子に公家の富小路《とみのこうじ》家から婿養子を迎えて具綱《ともつな》と名乗らせ、岩倉家の長男として跡をとらせている。

具視にもっとも愛された槇の方

本書の主人公の極子は旧暦安政四（一八五七）年十一月二十五日、新暦の一八五八年一月九日に、当時具視の側室であった野口槇子《まきこ》（一八二七―一九〇三）を母として生まれた。

野口槇子は、現在の滋賀県大津市一帯を占める膳所《ぜぜ》藩の勘定組・野口為五郎賀代《かだい》の次女で、兄の賀柔《かじゅう》ともども岩倉家に仕え、兄が具視の身辺警護役、槇子が奥向きの用係を務めた。やがて、具視の寵愛を受けるようになった槇子は、次男具定（一八五二―一九一〇）、三男具経《ともつね》（一八五五―九〇）の二人の男児を挙げ、伊豆子、極子、治子、恒子の四人の女児を生む。

極子は具視にとっては三女だが、すぐ上の伊豆子が生後まもなく亡くなっていることから、正室腹の増子に続く岩倉家の次女とされている。

極子のすぐ下の妹治子は早世したが、末の妹の恒子は成人した。あの日、極子とままごと遊びをして父を救った妹が、この恒子である。第七章に詳述するように、恒子はのちに、初代文部大臣森有礼《ありのり》（一八四七―八九）の妻となり、その結婚に際して、寛子《ひろこ》と名を改めている。

極子の同腹の兄にあたる具定と具経は、共にアメリカ留学を経験して明治政府の高官となった。兄の具定は、義兄の具綱から岩倉本家の家督を譲られて公爵となり、枢密顧問官、宮内大臣として栄光に包まれながら五十八歳まで存命した。

弟の具経は、太政官権少書記官、外務書記官などを歴任する。男爵を授爵し、外交官としての将来を嘱望されながら、三十七歳で病没した。

具定の長男の具張《ともはる》は、岩倉本家を相続して公爵・貴族院議員となるも、土地投機の話に嬉々として乗ってしまい、無残な大失敗を喫する。その上、花街に通い詰めて岩倉家の資産を悉く《ことごと》費消し、現在の金高に換算して数百億円と言われる多額の借財をつくった。親族会議の結果、隠居を厳命され十歳の長男具栄《ともひで》に家督を譲らされると、債務不履行のまま行方を眩ませて世間を騒がせ、東北の温泉地で発見されてからのちは、愛人と葉山に暮らした。

この話題多き人物の弟で、具定の五男にあたる具顕《ともてる》の娘具子《ともこ》は小桜葉子の芸名で銀幕の女優として活躍する。その長男が俳優の加山雄三である。


具視は晩年に吉田花子という若い側室を持ち、四男の道倶《みちとも》（一八八一—一九四六）をもうけた。しかし、何といっても、彼の生涯にぴたりと寄り添って、赤貧に加え、命さえ危うかった不遇のときも、新政府の重鎮として栄華の日々を送った後半生も、陰日向なく仕え、具視から絶大な信頼を置かれ、もっとも寵愛されたのは極子の母の野口槇子、通称槇の方であった。

槇の方がどのような女性であったかについて、こんな逸話が残されている。


具視が岩倉村に蟄居中の文久三（一八六三）年二月一日の晩のこと、主不在の京都、岩倉本邸の玄関先に立ち、大音声で呼ばわる者がいた。

「頼もう！」

一人しか残っていない忠義な老僕が出てみると、むくつけき大男が立ちはだかり、油紙にくるんだ細長い包みを突きつけて、

「これを奥へ取りつげ！」

と威嚇する。否応もなく受け取らされた老僕は、そのずしりとした異様な重みをいぶかしく思いながらも、槇の方のもとへ運んだ。

「お方様、見ず知らずの男がかようなものを……」

槇の方が老僕に油紙の包みを開けさせると、中から出てきたのは、切り口からまだ血の滴る、男のものとおぼしき人間の片腕ではないか。

「こ、これは……」

老僕は腰を抜かしたが、槇の方は眉一つ動かさなかった。

「おおかた、辻斬りの仕業であろう。当家とは縁もゆかりもなきものじゃ。持ち帰らせよ。元の通りに包むがよい」

老僕にそれを包み直させて持たせると、槇の方もみずから玄関へ向かった。そして、闖入者にひたと対峙し、

「当家においてはこのようなものは不用じゃ。早々もって帰れ！」

一喝するや、老僕の手からその物騒な重い包みを取り上げて、男の足元に叩きつけた。

闖入者は女主人の気迫に呑まれ、催眠術にかかったかのように黙って包みを拾い上げ、すごすごと退散した。

実はこの人間の腕は、具視と公武合体の志を同じくする公家、千種有文《ちぐさありふみ》の家臣、賀川肇《かがわはじめ》のものだった。

具視と千種、それに久我建通《こがたけみち》、富小路敬直《ひろなお》の四人の公家と、孝明天皇の典侍《ないしのすけ》の堀河紀子《もとこ》、同じく典侍の今城重子《いまきしげこ》は、二年前の和宮降嫁を首謀した「四奸二嬪《しかんにひん》」と呼ばれ、尊王攘夷派から厳しく糾弾されていた。

「二嬪」の一人、堀河紀子は岩倉具視の実妹で、孝明帝との間に寿万宮《すまのみや》、理宮《ただのみや》の二人の内親王を生んでいたが、この二人の姫宮は幼少時に亡くなっていた。

今城重子は紀子より九歳年長の先輩格の典侍で、孝明帝との間に子どもはいないが、紀子同様、孝明帝の政治向きの相談にまであずかる立場にあって、和宮降嫁策を推進した。そのため、この二人は尊王攘夷派の激しい非難にさらされて女官の職を追われ、落飾《らくしょく》（仏門に入ること）して謹慎中の身であった。


志士たちはまず、千種の家臣の賀川を血祭りにあげようと、一月二十九日に賀川肇の自宅を急襲した。賀川は京都所司代酒井忠義の用人、三浦七兵衛と親交があったことから、三浦と共に酒井忠義と千種有文の間を取り持っていたため、尊王攘夷派からことに憎まれていた。

彼らの急襲に気づいた賀川は二階に隠れたが、折あしく帰宅した幼い子どもが暴徒に捕えられ、親の身代わりに殺害されそうになったため、観念して姿を現し、彼らに惨殺された。

暴徒たちは賀川の遺体を分割し、首には「本気で攘夷をせねば我々は黙ってはいない。この首は攘夷の血祭りとして一橋公に献上する」との警告状を添えて、孝明天皇から攘夷の厳命を受けながら一向に攘夷に取り組まない一橋慶喜《よしのぶ》の京都宿舎、東本願寺門前に晒した。一橋慶喜は、後述するように、のちの第十五代将軍徳川慶喜である。
　そして、右腕を千種邸に投げ込み、左腕を岩倉本邸に直接持参して、これ以上、朝廷を侮り攘夷をおろそかにすればこの賀川のようになるぞ、との脅迫行為に出た。ところが、女と侮った槇の方の気丈な対応に遭い、すごすごと引き揚げざるを得ない成り行きとなった。

　こうして、尊王攘夷派の暴徒の脅しに屈することなく岩倉本邸を守った、しっかり者の槇の方は、のち明治七（一八七四）年に正室の誠子が没したあと、具視の正式な妻となり、まめまめしく夫の世話をしてその最期も看取った。

　明治神宮に付設されている聖徳記念絵画館には、胃癌ですでに重篤の岩倉具視を見舞う明治天皇を描いた、北蓮蔵《きたれんぞう》の壁画《岩倉邸行幸》が展示されている。

　それは明治十六（一八八三）年七月十九日、馬場先門内にあった岩倉邸の具視の病室を描いたもので、庭を背にして立つ人物が明治天皇、病床に半身を起こして天皇を伏し拝むのが具視、その具視を後ろから介添えしている人影が長女の増子、画面の右手前、部屋の一番下座にひれ伏しているのが槇の方である。
　具視の掛け布団の上には折り目正しく畳んだ袴が置かれ、本来ならば袴着装の礼装でお迎えすべきところ、すでに起き上がることすらできない彼の、礼装を代用している。蒲団を取り囲むように

北蓮蔵の壁画《岩倉邸行幸》 聖徳記念絵画館蔵

して置かれたいくつかの氷塊は、この日が酷暑の一日であったことを物語っている。

その酷暑が障ったのか、具視はこの絵に描かれた日の翌日、七月二十日に五十七年と九か月の生涯を終えたが、これほどまで手厚い明治天皇の心配りを受けての旅立ちは、さぞ本懐であったことだろう。

明治天皇の見舞いは、この日、及び同月五日の二度にもわたり、十二日には美子《はるこ》皇后（一八四九―一九一四）まで行啓されたほど、岩倉具視は天皇夫妻の絶大な信任を得ていたのであった。

第二章　極子の結婚まで

十二歳で大垣藩主となった戸田氏共

美濃と近江を結ぶ大垣は、戦国時代から交通の要衝として重要視され、名だたる大名たちが統治してきた。江戸時代初期までに、石川氏、松平氏、岡部氏、再び松平氏と藩主の交代が続いたが、寛永十二（一六三五）年に摂津尼崎藩主であった徳川譜代の戸田氏鉄《うじかね》（一五七六―一六五五）が十万石で転封されて以来、戸田氏が藩主として国を治めてきた。この氏鉄が、大垣戸田氏の祖である。

初代の氏鉄はみずから儒学者として著作をものすほどの文人でもあって、大垣の藩政の基礎を固め、文化事業にも力を尽くした。現在、大垣城を訪れる者は、天守下の広場に、凜々しい騎乗の武将の銅像を目にする。この武将が大垣戸田氏の祖、氏鉄である。

氏鉄から数えて九代目の戸田氏正《うじただ》（一八一四―七六）は四十二歳のときに隠居し、家督を長男の氏彬《うじあきら》（一八三一―六五）に譲った。

第十代藩主となった氏彬は、その三年前に山城国淀十万二千石の城主稲葉丹後守正守の一人娘・鏡《けい》を正室に迎えていたが、子宝に恵まれなかった。そこで、幕府に届け出て、二十三歳年下の末弟、氏共《うじたか》を養子とする。

慶応元（一八六五）年五月、第十四代将軍徳川家茂が第二次長州征討をみずから指揮せんと、大阪へ向かったとき、譜代大名の氏彬はこれを援護するために、病身を押して大阪へ駆け付けた。その無理がたたってか、氏彬の病勢は進み、八月八日、三十四歳の若さで大阪陣内に没した。これにより、兄の養子となっていた氏共が、満十一歳の若齢ながら、大垣藩十万石の第十一代藩主を相続する。

氏共は大垣生まれだが、兄が没したときには江戸溜池の大垣藩邸に暮らしていた。

藩主となった氏共は、翌慶応二（一八六六）年五月二十六日、「この秋、京都を警護せよ」との幕府命令を受け、六月十日早朝、江戸の藩邸を出て東海道を西にのぼった。その晩は戸塚宿に投宿、翌晩からは、小田原、三島、由比、岡部、袋井、白須賀、岡崎、宮の各宿に泊まり、最後の宿泊地、墨俣《すのまた》で衣服を改めて行列を整えると、六月二十日にいよいよ大垣領内に入った。

「懐かしいのう。ふるさとの山河は一段と青い」

「殿、あれを御覧じなさりませ」

家臣の指さすほうに馬上から目をやれば、大垣城の大手門には正装した家臣たちが凛々しく立ち並び、若き藩主を出迎えていた。こうして、氏共は無事帰国した。

旅の疲れが出てか、京都警護にはみずから赴くことができなかったが、代わりに家臣たちを派遣する。

そうこうするうち、長引く第二次長州征伐のさなかの七月二十日、前年から大阪を離れずにいた徳川家茂が大阪城中で没した。孝明天皇の妹、和宮を御台所に迎えてわずか四年余。短い結婚生活ではあったが、この政略結婚カップルには真の愛情が育まれていたようだ。家茂は周囲が勧めても決して側室を持とうとせず、和宮は家茂を大阪に送り出すにあたり、三田の春日神社にお百度詣でをして、夫の無事帰還を祈っていた。妻のそんな必死の祈りの甲斐もない、二十歳の青年将軍の死であった。

「なに、上様が薨去《こうきょ》されたと。おいたわしいことだ。この先、天下はどうなっていくことであろうか」

氏共は、藩の重職、小原鉄心《おはらてっしん》（一八一七―七二）を相手に嘆息した。

「さようにござる。ここは一つ、天下の形勢をしっかりと見据え、あやまたずに判じねばなりませぬ」

大垣藩の城代の家に生まれた小原は第九代藩主戸田氏正に仕えて重用され、藩政改革に手腕を発揮してきた。氏正が隠居したのちも、世嗣《せいし》の氏彬のもとで城代を務めて氏彬から全幅の信頼を置かれ、家中の声望も高かった。その氏彬亡き今、鉄心は若齢の氏共の藩主教育に全力を傾けながら天下国家の形勢を睥睨《へいげい》し、大垣藩が今後いかなる方角に舵を切るべきか、必死に模索していた。

将軍家茂は臨終間際、苦しい息の下から、後継者をこう指名していた。

「万一のことあらば、田安亀之助をして、相続せしめんと思うなり」

田安亀之助は、八代将軍吉宗の次男宗武を祖とする田安徳川家の前々当主慶頼《よしより》の三男だが、夭折した兄のあとを受けて、この前年に満一歳半で家督を相続していた。だから、家茂薨去のときはまだ満三歳の幼児である。三歳の将軍ではとても日本の難局を乗り切れまい、との老中板倉勝静《かつきよ》以下幕僚たちの判断から、この指名は実行されず、家茂と並んで第十四代将軍候補に挙げられていた一橋徳川家の慶喜が、第十五代将軍に推された。

家茂よりも九歳年長の慶喜は、ときに二十九歳。もともと水戸藩主徳川斉昭の七男に生まれながら、聡明さを買われて一橋家の養子となった人物だけあって、幕府の危急存亡の秋《とき》に、そうやすやすと「将軍」という危うい神輿に乗ろうとはしない。徳川宗家の家督だけは継いだが、将軍職は固辞し続けた。それでも固辞しきれず、ついに第十五代将軍職を引き受けた彼は、危惧していた以上の山積した難題に直面しなければならなかった。

その一つが、兵庫の開港問題だった。兵庫港を開港することは、安政の五カ国条約によってすでに決まっていたが、異人嫌いの孝明天皇の頑強な反対に遭って時期が延期されるなど、問題は紛糾していた。慶喜は将軍職就任早々、開港の勅許を得る努力を続けたものの、らちがあかない。ついに、慶喜みずから上洛し直接参内して伏して請うた結果、ようやくのことで開港の勅許を得たのが慶応三（一八六七）年五月二十四日だった。

大垣藩、佐幕派として参戦

慶応三年八月、兵庫の開港に伴って治安の維持が重大事となると、大垣藩は大阪市中の警備を幕府から命じられ、小原鉄心の養子で軍事奉行の小原兵部忠迪《ただみち》を総大将とする五百名の藩兵を大阪に派兵した。

大阪に到着した大垣藩兵が日々、市中の警護にあたるうち、十月十四日に二条城の徳川慶喜が明治天皇に政権返上を奏上、翌十五日に天皇がこれを勅許して大政奉還が成立する。

朝廷に政務を返上した以上、速やかにその返上実務を進めるべきであるのに、京都の二条城から大阪城へと移った慶喜は、その後、ふっつりと朝廷への連絡を絶った。

どうやら彼は、薩長の準備していた倒幕計画を察知して、その口実を与えないために、大政奉還という、とっておきのカードを切ったにすぎず、天皇を戴く新体制のもとでも、引き続き政治の実権を握る腹だったようだ。

薩長を中心とする勤王派は、慶喜のこの頭脳策の前に倒幕の大義名分が消え、振り上げた拳の持って行き場を失ってしまった。しかも、このままでは政治の実態は旧幕府時代と変わらず、新たな政治体制を敷く夢も潰えてしまう。

そこで、薩摩藩の西郷隆盛（一八二七―七七）は浪人たちを募って約五百人からなる浪士隊を組織し、江戸市中で旧幕府勢力への挑発行為に出始めた。彼らは勤王活動費調達と称してあちこちで略奪をおこない、捕吏に追われると薩摩藩邸に逃げ込む。この荒業を繰り返した。それだけでは飽き足らずに、佐幕派の庄内藩の警備屯所に銃弾を撃ち込んだ。こうなると、庄内藩もこれを看過できず、同年十二月二十五日、江戸薩摩藩邸の焼き討ち行為に出る。

その頃、慶喜は、佐幕派の諸藩の代表者を大阪城に集め、新たな政治体制への穏便かつ徳川家主導を維持できる、非武力移行策を協議していた。そこへ、庄内藩による江戸薩摩藩邸焼き討ちの報が届く。

「そうか！　庄内藩ではついに事を起こしたか。われらとて、もう薩摩を許すことはできぬ。この機に乗じてわれらも薩摩を討とうではないか！」

座は一気に色めき立ち、穏便な移行論は影を潜めてしまった。

こうして、慶喜を頭に戴く旧幕府軍と、薩摩藩を中心とした勤王軍の武力衝突は、もはや避けられない形勢となった。

年が明けた慶応四（一八六八）年一月二日、慶喜が政権掌握のための京都への進軍を決意した。大阪に駐留していた大垣藩兵も慶喜一行の糧秣護衛を命じられて大阪を発つ。

その翌日、京都の南郊外、鳥羽・伏見では、慶喜の意を受けて洛内に進軍しようとする会津・桑名・幕府の歩兵、及び新選組や見回り組ら旧幕府軍と、彼らの上洛を阻もうとする薩長軍が、通せ、通さぬ、の押し問答を繰り返すうち、強行突破しようとした旧幕府軍に薩長軍が発砲して、ついに戦端が開かれた。これが、戊辰戦争の幕開けとなった鳥羽伏見の戦いである。

一方、大垣藩兵も会津藩兵に同行して鳥羽街道を北上する途中、宇治川と桂川に挟まれた富ノ森集落の北で、南下してきた薩長軍と出会い、戦闘となった。大垣藩兵は一時、薩長軍を苦戦に追い込んだが、味方からも十名の戦死者を出した。

このとき、大政奉還が既成の事実であることを敵味方に思い起こさせる、有無を言わせぬ証しとして、朝廷を戴く薩長軍に高々と掲げられたのが、かの錦の御旗であった。

赤地または白地の錦に金色の太陽か銀色の月をデザインしたこの旗は、朝廷軍であることを示す、正義と権威のシンボルとして、絶好のタイミングで登場したのである。

実はこの旗は、岩倉具視が思いついて、薩摩藩の大久保利通（一八三〇―七八）と長州藩の品川弥二郎に準備させておいたものだった。

多田好問編の『岩倉公実記』（原書房、一九七九年）によれば、大久保が愛人のおゆうに命じ、おゆうの帯をつくるようにみせかけて、京都市中で材料の大和錦と紅白の緞子《どんす》を買い集めさせ、これを品川が長州に持ち帰って、諸隊会議所で、日輪と月輪の錦の旗を各二旒《りゅう》、菊花章の旗を紅白それぞれ十旒制作、一部を山口城に保管し、残りを京都に運んで薩摩藩邸に隠しておいたという。

これを偽作とする説もある。しかし、そもそも、このとき掲げられた錦の御旗は、三種の神器のように、古来人の手で伝承されてきたものではない。中世にも使用例はあったが、それらとは別に、このとき新たに制作されたものに間違いない。だから、その意味では偽作といえなくもないが、肝心なことは、朝廷がお墨付きを与えたか否かであろう。これらの旗は、朝廷の使用承認を得た上で掲げられた、とされる。

総数は、前述のように、少なくとも二十四旒あった。のちにはもっと増産されたであろう。薩長軍では、薩摩軍の本営を置いた東寺に麗々と翻らせたのを始め、各戦線に届けて戦列の最前方に高々と掲げさせた。こうして、朝廷軍であることを誇示したのである。

その効果は絶大だった。錦の御旗相手に発砲したとあっては、朝敵の汚名を蒙ることになってしまう。

富ノ森の戦いでも、御旗の出現に愕然とした会津藩兵は動揺して敗走し、大垣藩兵も戦意喪失して、朝廷への発砲の痕跡を消そうと、大砲の砲身を田の畔を掘って埋めてから、間道を選んで密かに大垣へ戻っていった。

御旗の発案者、岩倉の狡知やおそるべし。

大垣藩の華麗なる転身

この少し前、大垣藩の藩老小原鉄心は、薩長、土佐藩等からなる新政府の呼び出しを受けて京都に赴いていた。新政府では各藩から優秀な人材を選んで、参与として登用する方針を打ち出していたが、その参与の一人として、大垣藩からは、かねて逸材の誉れ高い小原鉄心を選んだのである。

新政府への協力を要請された鉄心は、天下の形勢に鑑み、藩として、朝廷を戴く薩長軍の指揮下に入ることを決断したが、鉄心の留守を預かっていた養子の小原兵部忠迪は旧幕府方につく決意を変えず、すでに富ノ森で薩長軍相手に発砲してしまっていた。

富ノ森戦闘の報を聞いた鉄心は臍《ほぞ》を噬《か》んだ。

「なんたることだ！　このままでは大垣藩は潰れる」

鉄心は急ぎ大垣へ戻り、前々藩主の氏正、現藩主の氏共の臨席を仰いだ上で城の大広間に藩内の主だった家臣を集め、藩の命運をかけた評定を開く。

「わが大垣藩は、戸田家初代の氏鉄公以来の徳川譜代なれど、そもそも、将軍家とて朝廷より大政を預かり申し上げ、代官として天下国家の政を進めてまいったものであって、その根底にあるは尊王の意にほかならない。慶喜公が政を朝廷に返還なされたのも、尊王の志によるものである。さにあらば、大垣藩が朝廷にお味方するは、譜代の名に何ら恥じるものにあらず。いや、むしろ、譜代として然るべき道になからずや。今朝廷に弓を引くことは、慶喜公の御意に反するものにほかならぬ。朝敵の汚名を蒙らば、戸田家のお取りつぶしは必定。藩士、民百姓、女子ども、悉く、路頭に迷うであろう。ここは速やかに朝廷に謝罪申し上げ、官軍の一員に加えていただくことこそ、わが藩存続のための唯一の道と心得る」

小原鉄心は言葉を尽くして一同に説いた。延々四時間に及ぶ大激論の末、当初は佐幕に傾いていた藩論も、次第に勤王色に統一されていった。

小原はこの機を逃がさず、十三歳の藩主氏共に進言する。

「殿、速やかに京にのぼられ、富ノ森での発砲の一件を朝廷に謝罪なさられよ。それがしは早馬を仕立て、殿の上洛を朝廷に先触れ申し上げておきまするが、供の者たちにも申し付けておきまする。京へは、くれぐれも無腰《むごし》で入られますように」

「そのほうの機敏な処置、ありがたく思うぞ」

氏共は、軍事総裁の戸田権之助、軍事奉行の戸田五郎左衛門以下、百七十名の家臣を引き連れて一月十二日に大垣を発ち、中山道の垂井宿、鳥居本宿、武佐宿、守山宿を経て、一月十六日、膳所の縁心寺にすべての武器を預けて恭順の意を示してから、全員寸鉄も帯びず、京に入った。

一行は鴨川東縁の清光寺に謹慎して、朝廷からの沙汰を待った。すると、小原鉄心の先触れが奏功して、翌日、参与役所から呼び出しがあった。家臣の桑山豊三郎が出頭したところ、

「謝罪はとりあえず認めよう。ついては、新政府軍の東山道先鋒を申し付ける。その功労いかんで、謝罪の実を判断するからさように心得よ」

との沙汰書がくだされた。

東山道は、古く律令時代には、畿内と本州内陸部の各国府を結ぶ駅路であったが、江戸時代に五街道が整備されると、中山道、奥州街道などに吸収される形となってしまい、独立した主要幹線路ではなくなっていた。しかし、行政区分の概念としては存続していて、このときも、近江から陸奥へかけての内陸路全般を指す意味合いで、東山道の語が使われていた。その東山道鎮撫《ちんぶ》総督に選ばれたのが、岩倉具視の次男で極子の兄、岩倉具定であった。

大垣藩はこの岩倉具定の先鋒を仰せつかったのである。氏共の一行は一足先に京を出陣してまず

大垣に着き、ここで後着の岩倉具定を総督とする新政府軍を恭しく出迎え、可能な限りの酒肴《しゅこう》を集めて精一杯の饗応をした。

すべて、小原鉄心の主家への配慮によるものだった。もともと小原は、岩倉具視の蟄居時代以前からこの貧乏公家の将来に何か頼むものがあるのを予見していた。小原の予見は的中して、当時不遇をかこっていた具視は新政府の樹立と共に議定《ぎじょう》に就任し、その息子の具定は今や大垣藩を膝下に従える東山道鎮撫総督である。藩としては、この岩倉親子との絆をさらに深めることが何より大切と、小原は判断していた。こうして、ここに大垣藩と岩倉家との浅からぬ縁が生まれる。

東山道の先鋒として出陣した大垣軍は、下野の国梁田《やなだ》村の戦いに戦果をあげたのを皮切りに、旧幕軍に占拠されていた宇都宮城の奪還に成功し、さらに旧幕軍と会津兵に奪取されていた白河城の奪還に戦功を打ち立てたあと、会津戦争にも勇戦した。

この一連の目覚ましい働きにより、大垣藩は正式に朝廷への謝罪が叶い、三万石の戦功褒賞も与えられた。

もちろん、軍事支出は三万石どころの話ではないほど多額で、のちのちまで藩財政を苦しめることになったが、藩主氏共は、おそらく小原の進言であろうが、この三万石を藩の財政に組み入れることなく、実戦に参加した諸隊長以下、藩士一同に隈なく分け与えている。こうした、藩の民を思いやる血の通った藩主精神が氏共には育っていた。そしてそれは昭和十一年まで生を伸ばした彼の代にさまざまな形で大垣の人々の上に発揮され、その遺徳が長く偲ばれて、昭和の戦後から、平成、令和の世になっても、大垣の人々の戸田家を敬う気持ちの素地となっているように、本書の取材を通じて筆者は感じた。

閑話休題。

明治二（一八六九）年一月二十日、薩摩、長州、土佐、肥前の四藩主から新政府に対して版籍奉還の願いが提出された。大垣藩主戸田氏共もそれに倣い、同月二十八日、土地人民奉還の上申書を提出して認められ、六月に大垣知藩事に任命された。この名称は、翌月に藩知事と改まる。

政界復帰した具視、新政府樹立に功を立てる

ここで時計の針を少しだけ巻き戻す。

文久二（一八六二）年から洛北の岩倉村に蟄居していた岩倉具視は、一日も早い赦免を待ち焦がれていた。

孝明天皇は赦免の腹だったが、具視を油断ならない野心家とみる、孝明帝の側近、中川宮らの強硬な反対に遭って赦免は一向に実現しない。

この間、世は慌ただしく推移し、薩摩藩の西郷隆盛と大久保利通、彼らと討幕の志を同じくする公家たちが蟄居中の岩倉のもとを密かに訪れてくるようになった。彼らの話に耳を傾けるうち、具視も公武合体の持論を討幕へと修正変更していく。

慶応二（一八六六）年十二月二十五日（新暦一八六七年一月三十日）、孝明天皇が崩御する。十二月十二日に急な高熱に見舞われ、発疹を発症する。十六日には天然痘罹患の疑いが持たれ、天然痘の治療経験のある町医師たちが招聘されて、侍医たちと共に二十四時間体制で治療看護にあたったが、医師たちの努力はすべて虚しく終わった。

享年三十五。死因は悪性の天然痘とされるものの、謎の多い死であった。

そのあとを受けて、孝明天皇の第二皇子が明治天皇として十五歳で即位すると、即位の大赦により、禁門の変（一八六四年）の咎《とが》を負った長州藩関係者がまず赦免された。

慶応三（一八六七）年十月の大政奉還後、同年十一月、岩倉具視もようやく、久我建通、千種有文、富小路敬直らと共に蟄居を解かれ、洛中居住が許された。

その後の具視の働きは目覚ましい。前述の錦の御旗制作も知恵者具視の卓抜なアイディアだった。彼の発案になるもう一つの離れ業は、王政復古の大号令である。

旧幕府勢力の一掃を決意した具視は、幕府の廃止、摂関廃止などを含む政治革新政策を打ち出した文書を同士たちと密かに起草し、慶応三年十二月八日、宮中に三条実愛《さねなる》、中山忠能《ただやす》ら公家と、松平慶永《よしなが》（春嶽）、徳川慶勝《よしかつ》ら一部の大名、薩摩、土佐、安芸、越前、尾張の五藩の重臣を集めて文書開示の承認を諮《はか》る。結果、出席者の同意を得るのに成功する。

そこにはこうある。

「徳川内府、従前御委任、大政返上、将軍職辞退ノ両条、今般断然聞コシメサレ候」

現代文に意訳すると、

「徳川内府（慶喜）は、以前に申し出ておられた、大政返上、及び、将軍職辞退の両条目を、今ここで速やかに断固、お聞き入れください」

ということである。また、摂関制度の廃止についても、

「自今摂関幕府等廃絶」

と謳って、新政権が発足しても、かつてのように摂政、関白が政治の実権を握ることのないようにと釘を刺し、摂関政治復活を目論む一部の公家たちの先手を打った。摂関家に政権を握られては、元の木阿弥である。


これこそが「王政復古の大号令」といわれる文書とその発令である。岩倉とその同志たちによる一種の無血クーデターといってよい。これにより、具視は明治新政府の基盤を打ち立てたのである。

そして、前述の戊辰戦争の朝廷方勝利がこれに続く。

こうして、新政府樹立の功労者の一人となった具視は、明治天皇の絶大な信頼を得て、東京遷都と共に正二位大納言に進み、貧乏公家時代の百五十石から一転、永世禄五千石を賜ることとなった。

美子皇后からこうがいを賜る

具視の政界復帰とその後の異例なスピード昇進によって、岩倉一家の人々、正妻の誠子、長女の

増子とその夫の具綱、側室の槇の方と具定、具経、極子、恒子の子どもたち、一族郎党も新都東京に移る。一家は皇居馬場先門内に邸宅を賜り、そこで新しい暮らしを始めた。

ある日のこと、皇后宮職を通じて、明治天皇の皇后美子から、極子と妹の恒子（後年の寛子）に召し出しがあった。五摂家の一つ、一条家出身の皇后自身も京都から東京に移ったばかり。京の風恋しさと、慣れぬ土地に移って戸惑うことの多いであろう娘たちを慰労してやりたい気持ちから、姉妹との対面を思い立ったようである。

当日、槇の方の手で髪を稚児髷《ちごまげ》に結い上げてもらい、まだあどけない顔に紅おしろいをさしてもらった姉妹は、古代紫の塩瀬の袴に長袖の晴れ着というでたちで駕籠に乗り、かつての江戸城から改まった御所に参内した。

「おう、これは岩倉のひもじ（姫）さんがた。ようまいらしゃった。案内いたすほどに、ついてまいらっしゃれ」

年配の女官が二人を出迎えて先に立ち、立て膝の女官たちが居並ぶ御所の長廊下をしずしずと奥へと進んでいく。廊下には一定の間隔で、桐胴に象嵌《ぞうがん》細工を施した火鉢が置かれ、その金網で覆った内側には赤々と炭火がおこっていた。やがて、

「御座所がちこうござります」

と女官が言い、広い座敷に通された。そこには、緋色の袴姿の女官たちが控えていて、中央の小高くなっているところに雪のように白い羽二重のしとねがうずたかく敷かれ、どなたかがやすんでお

られる気配である。

「皇后《こうぐう》さんは、あいにくと、おむさむささんであらっしゃりますが、ひもじさんがたはくるしゅうあらっしゃりません。どうぞ、お近こうに」

女官に促されて、極子と恒子が摩り膝で白羽二重のしとねに近寄って坐ると、細いけれどもよく透る声が響いた。

「ようまいらしゃった。ごきげんよう」

しとねには、小柄な品のよい若い女性が臥せっていた。

この方が、美子皇后さんか。

二人が緊張して皇后の言葉を待つと、皇后は女官に介添えされてしとねの上に身を起こし、姉妹に目を向けると、それぞれの名を確かめた。

「そもじがあもじ（姉）か。たしか、極子と申すのやな」

「はい。極子にござりまする」

「おう、はきはきとよう答えしゃった。おいとぼい（可愛らしい）ひもじさんや。お小さいさんは恒子と申すのであろう」

「はい。恒子にござりまする」

恒子も姉の口調をまねて、懸命にお答えした。皇后は満足そうにうなずき、

「なにを習うているか」

とすずやかな声で尋ねた。姉妹はどぎまぎしながらも、

「神皇正統記《じんのうしょうとうき》を習うておりまする」

と答えた。『神皇正統記』は、南北朝の動乱期に村上源氏の血を引く公家の北畠親房が執筆した歴史書で、神代から後村上天皇にいたるまでの皇位継承の歴史を叙述しながら、南朝の正統性を縷々説いている。極子も恒子も、今、これを習っていた。

「それは殊勝なこと」

皇后がうなずくと、女官が囁いた。

「ご本がのうても、覚えておいでのところをすこうし、皇后さんにお聞かせ申しあげらっしゃれ」

毎朝の習慣となっていたので、字句は苦もなく浮かんでくる。極子と恒子は臆することなく、声を合わせてその序文をそらんじ始めた。

「おほやまとはかみのくになり。あまつみおやはじめてもとゐをひらき、ひのかみながく統《よつぎ》をつたへたまふ。わが国のみ此事あり。異朝にはその類ひなし。このゆゑに神国といふなり。神代にはとよあしはらのちいほのあきの瑞穂の国といふ。天地開闢のはじめよりこの名あり。……」

少女たちのあどけない声が淀みなく流れると、美子皇后も女官たちも頬を緩めて聴き入った。とりわけ、皇后はたいそうご満足の様子で、女官に言いつけて奥の間から、美しい縮緬裂《ちりめんぎれ》を貼った小箱を運ばせた。そして、その中の装飾品を入念に選び、やがて鼈甲のこうがいを手にとられた。こうがいとは、髷《まげ》に挿す、箸《はし》に似た飾りものである。すると女官が極子に、

「おつむりを」

と言うので、極子は皇后に近寄って頭を差し出すようにしてうつむく。皇后は極子の稚児髷にその

こうがいを手ずから挿し、次いで、恒子にも同じようなこうがいを選んでその稚児髷に挿し与えた。当初は緊張に身をおののかせていた極子も恒子も、皇后のこのやさしい気遣いに寛いだ気持ちとなり、まだ年若い皇后に対して、姉のような親しみを感じた。姉妹は終生、この日のことを忘れることはなかった。

十三歳の花嫁

極子はすでにその頃から、母の槇の方譲りの美しい容姿の持ち主だった。皇后の前で『神皇正統記』をすらすらとそらんじたように、和漢の古典にも親しみ、また、早くから山田流箏曲も稽古してその演奏にも長じていた。箏の師匠は、山田流の山木家第四代で、「千賀《せんが》」名では初代となる山《やま》木《き》千賀(一八四六―一九二二)である。

具視の蟄居時代を支え続け、赤貧にも耐えた槇の方は、娘たちにも質素、倹約、勤勉を旨とする堅実な家庭教育を施していたから、極子も日常の衣服の始末、下着の洗濯、解きもの、縫いものまで、一通りの家事能力を身につけていた。

そんな極子は、十二、三歳ともなると、岩倉家に出入りする旧大名家や公家の家から後嗣の花嫁候補として注視されるようになる。そうした中で、もっとも熱心だったのが大垣藩の実務最高責任者である藩老の小原鉄心だった。

明治三（一八七〇）年の暮れ、戸田家から正式に、極子を主君氏共の妻にと縁組の申し入れがあったとき、極子は満十三歳になる少し前だった。氏共はその三歳半ほど上で、大垣藩知事という公職に就いてはいたものの、藩政は鉄心ら家臣に任せ、自身は旧幕時代の昌平坂学問所を前身とする最高学府、大学南校《なんこう》に入学したところだった。

花婿、花嫁とも少年少女だが、当時はこうした若齢での結婚はめずらしいことではなく、戸田家と岩倉家の前々からの縁もあって話は支障なく進んだ。

明治四（一八七一）年二月二十五日、戸田氏共と極子は、その頃は東京、本所《ほんじょ》にあった戸田邸で結婚式を挙げた。式が急がれたのは、氏共のアメリカ留学が迫っていたからである。

実は、聡明な忠臣小原鉄心はこれからの世を見据え、主家の将来を思い、若き当主を海外に学ばせようと、万事手筈を整えていた。その旅立ち前に花嫁を迎え入れ、ともかくも式だけでも挙げさせておこうというのも、小原の心配りだった。新妻極子が氏共に同行しないことも予定されていて、極子は日本で稽古ごとに励みながら夫の帰国を待つことになっていた。だから結婚式といっても、婚約のお披露目式のようなものであった。

氏共、アメリカへ発つ

小原は、ほかにも細々と、主君の留学準備を整えていた。

氏共の大垣藩知事退官を新政府へ願い出てその許しを得ると、次に米国留学の届け出をしてこれも認められた。

そこで、さっそく英語の師を招いて氏共に英会話を学ばせる。そればかりではなく、アメリカに暮らすようになれば日本とは食生活がまったく異なることを案じ、屋敷の庭に調理道具と縁台を持ち出して牛肉を焼かせ、若い主君にそれを食べる稽古まで何度かさせた。当時、肉の調理は獣臭が忌避されて、屋敷内の厨房では手掛けられていなかったからであるが、おかげで氏共・極子夫妻は、日本人としてはほとんど最初期に、ガーデン・バーベキューを体験している。

結婚式から一か月余りたった明治四（一八七一）年四月四日、氏共は船上の人となった。異母兄（父氏正の庶子）の戸田氏益（欽堂）、大垣藩士の松本荘一郎も同じ船で留学した。

アメリカに着くと、氏共はニューヨーク州トゥロイに一八二四年に創設された技術学校レンセラー工科大学に入学した。鉱物資源の豊富な美濃大垣の旧藩主らしく、彼が専攻したのは鉱山学だった。

翌明治五年の春、彼の留学万端の手配を整えて送り出してくれた忠臣小原鉄心の訃報が届いた。大垣藩の繁栄一筋を念じて三代の藩主に仕え、主家を守り通した五十五年の生涯だった。あの幕末の大転換期に、この人の将来を見据えた大局的判断と機敏な措置がなかったなら大垣藩の明日はなく、氏共も、後顧の憂いなくアメリカで勉学に勤しむ身分ではなかった。

彼は深い哀悼の意を鉄心の霊に捧げつつ、改めてこの忠臣の恩義を胸に刻んだ。

その鉄心の遺稿集が上梓されることになり、編纂責任者である野村龍蔵からアメリカの氏共に「遺稿集の題字をぜひ、殿にお願いしたい」という書状が届いた。野村は氏共の学問の師でもあった。そこで、氏共は筆をとり、豪快な達筆で、

「梅有一家春」

と題字を揮毫し、

「日本紀元二千五百三十三年第五月念五日五書於米利堅紐約克州徳類府官舎研堂氏共」

の落款を押して日本へ送った。

題字を揮毫した時は紀元でいえば、「二千五百三十三年」にあたり、「第五月」は五月、「念五日」は二十五日の意である。「念」は「廿」の俗音「ネン」を置き換えた表記で二十を表す。「米利堅」はアメリカ、「紐約克」はニューヨーク、「徳類」はツロイ。「研堂」は氏共の号である。当時の教育を受けた人間として当然のことかもしれないが、アメリカ留学中の英語に囲まれた生活の中にあっても、このような和漢の素養にあふれた揮毫と落款を苦もなく用いているところに、氏共の教養をみる思いがする。

幼な妻、極子に宛てた書簡などが遺されていれば、彼の人となりがさらによくわかるであろうに、残念ながら彼のアメリカ留学時代を偲ぶよすがは、この落款入り揮毫とそれに添えたわずかな近況報告だけである。

氏共はアメリカで、義兄となった岩倉家の二人の息子、具定と具経に再会した。この兄弟は父具

視に命じられて前年にアメリカへ留学し、ニュージャージー州ブランズウィックのラトガース大学で主として法律を学んでいた。

具定と具経はすでに日本にいたときから長崎に遊学し、オランダ系アメリカ人宣教師グイド・フルベッキ（一八三〇—九八）について英語を学んだ経験があったから、現地での言葉の順応も早かった。二人の入学したラトガース大学というのはオランダ改革派教会の系列に連なる学校である。おそらく、フルベッキが同校を世話したものと思われる。

なお、氏共に随行した大垣藩士の松本荘一郎は工学を専攻して七年間もアメリカに学び、帰国後、明治を代表する技術系官僚の一人として、東京大学工科教授や鉄道省長官や逓信省鉄道局長官等を歴任した。このことは、大垣藩による新生日本のための人材育成事業の成果の一つといえるであろう。

第三章　氏共留守中の日本

女子留学生を伴っていた岩倉使節団

戸田氏共がアメリカ留学に発って七か月後の明治四（一八七一）年十一月十二日（新暦十二月二十三日）、横浜開港場は早朝から活気に包まれていた。人力車や荷馬車が引きも切らずに行き来し、停泊中の日本軍艦やアメリカ、イギリスの軍艦の間で盛んに祝砲と答礼砲が交わされている。その砲煙と火薬の匂いが港中に立ち込めて、この日が特別な日であることを物語っていた。

今日は、岩倉具視を特命全権大使とする遣欧使節団の出発の日なのだ。

使節団の副使は、木戸孝允《たかよし》（一八三三―七七）、大久保利通、伊藤博文（一八四一――一九〇九）、山口尚芳（一八三九―九四）の四名。これに政府の各省からの代表者、それぞれの随行員や秘書、通訳などを加えた総勢四十八名が使節団である。一行はそのほかに、官費、私費併せて五十八名の留学生も伴っていた（この内訳と総人数は、寺沢龍『明治の女子留学生』平凡社新書、二〇〇九年による）。合計百六名もの人々が旅立つのだから、人や物が活発に動く。見送りの人々もたいへんな数だった。その見送り人たちの間で、こんな会話が交わされている。

「おい、あれをご覧よ。振袖の女の子たちだ」

「ほんとだ。まだほんの子どもにみえるが」

「あんなに小さな女の子たちが、なんだってまたメリケン国なんぞへやられるんだろう。まさか売られていくんじゃあるめえ」

するると、事情を知る一人が説明に入った。

「いや、あの子たちは留学するんですよ。政府派遣のれっきとした留学生です」

「留学生だって！　冗談じゃない。大事な娘を見ず知らずのメリケン国へ一人で行かせようなんて、あの娘たちの親はどういう了見なんだ」

「まったくだね。まるで鬼か蛇だ」

彼らが話題としているのは、今、艀《はしけ》に乗り込んでいこうとしている五人の少女たちのことだった。彼女たちは確かに、政府から正式に派遣される官費留学生なのである。

明治の世になってわずか三年後に、早くも、日本の少女たちを海外に学ばせようという、この大胆な計画の推進者は、薩摩藩出身の北海道開拓使次官、黒田清隆（一八四〇—一九〇〇）だった。

黒田は、この年の一月から五月にかけてアメリカとヨーロッパへの視察旅行に出掛け、帰国後さっそく、アメリカの農務長官ホーレス・ケプロン（一八〇四―八五）を開拓使お雇い教師頭取件開拓顧問として招聘する。

次に黒田の企てたことが、女子留学生の派遣だった。

実は、彼が海外視察旅行中にもっとも強い印象を受けたのは、アメリカでもヨーロッパでもどこの町へ行っても女性たちが生き生きと行動し、社交の場には必ず夫と共に出席して、誰とでも臆せず会話している姿であった。さまざまな職種に女性が就き、男性と同じ仕事をしているのにも、彼は目を丸くした。

ワシントンで、前年十月から少弁務使（代理公使格の外交官）として同地に赴任していた同じ薩摩藩出身の後輩、森有礼と再会した黒田は、その驚嘆の思いを、せき込んだ口調でまくしたてた。

「アメリカのおなごはまったく堂々としちょる。役所でもきびきびとよう働いちょる。学問のある者も多いようじゃ。じゃから、国に勢いがあるんじゃな。日本もこれからは、おなごの教育が大切ではないか」

すると、進歩思想の持ち主だった森も大いに同調する。

「仰せの通りです。わが国の近代化のためには、女子の高等教育が欠かせません」

「おはんもそう思うちょったか」

黒田が膝を叩くと、森は続けた。

「できれば全員に欧米流の教育を受けさせたいところですが、それは叶いませんから、まずは、何人かの代表者をこちらに派遣して学びの機会を与えることです。そうすれば、その女子たちが帰国後にその成果を日本に広めてくれるでしょう。それを繰り返せば、いつか日本女性全般の知的レベルが向上して欧米の女性たちにひけをとらないようになるでしょう」

森自身は維新前の慶応元年に、薩摩藩の藩命を受けて同士十数名と共に集団で密出国し、イギリスとアメリカに三年余り学んで、達者な英語と男女同権思想を身に着けていた。

一方の黒田はかねて開拓事業に携わるうち、欧米の近代技術の導入、及び、近代技術を使いこなすことのできる人材育成の重要性を痛感していた。そして今、実際にアメリカの地を踏んで女性の社会進出ぶりを目の当たりにした彼の思いついたことは、まず、女子を欧米に派遣して国際レベルの教養を身に着けてもらい、次代を担う人材たちの母となってもらう、というアイディアだった。つまり、日本の近代化のための優秀な人材を得るには、その母親の資質が肝要だ。次世代の人材育成のためには、その母親となる女性の資質を高め、彼女たちによって育てられた子世代の活躍を期待する、という考え方である。

黒田は森を相手に、熱心にこの持論を展開した。森の理念とはいくらか異なるかもしれないが、官費で女子を留学させる、という点では一致している。

「帰国なさったら、ぜひ、女子留学生を何人かこちらに寄こしてください。わたくしが責任を持って面倒をみましょう」

森の頼もしい言葉を土産に日本へ戻った黒田は、帰国するとさっそく、当時の最高議決機関である正院《せいいん》に、女子留学生派遣の建議を提出した。派遣費用は、すでに承認されている開拓使の向こう十年間の予算内で賄うこととした。

「ならば、よかろう」

新たな予算を計上しなくてよいのなら、開拓使のやりたいようにさせればよい、という空気となり、特に反対する者もなくこの建議は承認された。

そこで黒田は、急遽募集にかかった。といっても、女子だけを対象とした募集ではなく、はっきりとした募集人員も明記せず、もともと予定されていた官費留学生募集の枠を「男女若干名」に変更する形での募集であった。

往復にも滞在中にも世話する者がつき、渡航費、教育費、衣食住すべての費用は政府が持つ。その上、年間八百ドルもの小遣いが支給される。一ドル一円の時代だから、日本円で八百円。ちなみに、同じ明治四年の伊藤博文の工部省大輔としての月俸は四百円である。十代の小娘に、工部省大輔の月俸二か月分を一年間の小遣いとして給付する、というのだから、もう小遣いの範囲を超えている。

これほどの好条件で十年間もアメリカでの勉学機会を与えられる。現代であれば願ってもない話だが、開国まもないこの時代に、大切な娘をはるばると海を越えた外国へ送り出す者など、おいそれとはみつからなかった。最初の募集では応募者なし。慌てて追加募集をかけると、ようやくのことで五名が集まった。

次が、その五名の少女たちの出自、名前と生没年、当時の満年齢である。

旧幕臣で外務省勤務の上田東作の娘、上田悌子《ていこ》（一八五五？—一九三九）　十六歳
東京府貫属士族吉益正雄の娘、吉益亮子（一八五七？—一八八六）　十四歳
青森県士族山川浩の妹、山川捨松《すてまつ》（一八六〇—一九一九）　十一歳
佐渡奉行属役益田孝義の娘で旧幕府軍医永井久太郎の養女、永井繁子（一八六二—一九二八）　九歳
旧幕臣で北海道開拓使嘱託津田仙の娘、津田梅子（一八六四—一九二九）　七歳

出自をよくみれば、何と、彼女たちの親元はすべて、かつての幕臣か幕府方の武士、つまり、戊辰戦争で朝敵とされた側の士族であることに気づかされる。しかも、ここには記載はないが、五名中四名までの父親または父代わりの兄に海外渡航歴があったのである。

これを考えるに、幕府方の立場からであろうとも、日本という国の将来を思い、あの動乱期に一大決心をして渡航した進取の気性に富んだ人物たちが、自分の代では完結しえなかった近代化への貢献理念を娘に託そうとしたのではなかったか、と思えてならない。

彼らはいずれも頭脳明晰で、佐幕派出身というハンディを撥ね返して新時代にそれなりのポストを得た人々ではあったが、やはり、一度は蒙った「朝敵」の汚名を完璧に払拭するには、己一代では足りず、子にもその使命を託したい、という気持ちもあったのであろう。そして、このたびの留学生募集が「女子」というなら、ちょうど適齢の娘がいるのを幸い、この子を送り出そう、と決心したのではなかろうか。

ともあれ、このときの五人の少女たちが、国によって派遣された、日本最初の女子留学生である。

本書の巻頭に紹介した《ウィーンに六段の調（ブラームスと戸田伯爵極子夫人）》の作者、守屋多々志画伯は、同作のほかにも、史実に取材した歴史的絵画も多数制作した。

この日本最初の女子留学生五名の渡航風景も、イマジネーションゆたかな、鮮やかな屏風絵に再現している。それは、平成二（一九九〇）年の院展に出品された《アメリカ留学（津田梅子）》と題された四曲一隻屏風絵である（口絵参照）。

現在、津田塾大学が所蔵するこの屏風絵は、五人の少女が船の舳先の手すりにつかまって、はるか前方に出現したサンフランシスコのゴールデンゲイトに夢を膨らませている構図だ。一人だけ、草履を脱いで一段高いところに足を載せているのが最年少の津田梅子である。幼い梅子の強い決意を感じさせる、凛とした後ろ姿はことに印象的だ。この屏風絵の複製は同大学視聴覚ホールの壁面に飾られて、梅子が前身を創設したこの大学の学生たちに、無言のエールを贈り続けている。

パリ万国博覧会に参加した三人の日本女性

ところで、この日本初の女子留学生五名が、開国後、正規に欧米に渡った最初の日本人女性たちかというと、実はそうではない。正式な渡航許可を受けて海外へ出た日本女性には先駆者がいた。江戸幕府が海外渡航の禁を解いたのは慶応二（一八六六）年だが、その翌慶応三年の四月から十月にかけて開催されたパリ万国博覧会に参加した三人の日本女性が、開国後初の渡欧女性とされている。

この一八六七年パリ万国博覧会は、国際博覧会としては五回目、開催地をパリとする二度目の博覧会で、入場者総数が初めて一千万人を突破した、それまでの最大規模のものだった。もちろん、日本にとっては初参加である。明治維新の前年のことなので、このとき、主催国フランスのナポレオン三世から出展要請を受けたのは江戸幕府だった。

そこで幕府は将軍慶喜の弟、徳川昭武《あきたけ》を団長とする使節団を派遣したが、そのほか、薩摩藩と佐賀藩もそれぞれ個別に出展した。つまり、最高政治機関である幕府と、大藩二藩の三団体が別個に参加して、日本の文物の紹介を競い合ったのである。

ところが、もっとも人気を呼んだのは、江戸幕府の展示でも薩摩、佐賀二藩のいずれの展示でもなかった。幕府から江戸商人たちへの出展呼び掛けにただ一人挙手し、一商人として参加した、江戸浅草の商人、清水卯三郎（一八二九―一九一〇）が会場に設えた数寄屋造りの水茶屋だったのである。

清水は、日本で実際に使われていた水茶屋を解体して船で運び、大工を連れて行って会場にそれを再建築させた。もちろん、水茶屋だけではなく、刀剣、火縄銃、弓矢、陣羽織などの武器武具から、帯地やら着物、日本酒や茶などの嗜好品、醤油、味噌、塩、砂糖などの調味料、鏡台、屏風、火鉢、花瓶、提灯、扇子などの工芸品まで、ヨーロッパの人々の耳目を惹きそうな、ありとあらゆる商品を買い集め、百五十七箱もの木箱に荷造りして、幕府の用意した船に積み込み、横浜から送り出したのだった。

武蔵国埼玉郡羽生《はにゅう》村の酒造業者の三男に生まれ、早くから江戸に出て外国語を学んでいた清水は、薩英戦争時には幕府の許可のもと、イギリス軍艦に同乗して通訳を務めた経験もあった。彼の通訳が的確だったおかげで、イギリス海軍の捕虜となっていた薩摩藩士、五代友厚《ごだいともあつ》（当時は才助）と寺島宗則（元は松木弘安）は無事に釈放されている。それほど語学の力量のあった清水は、日本とヨーロッパとの文化交流にも熱心であった。

清水は、単に日本の服飾工芸品やら調度品、嗜好品、食品を紹介するだけでは飽き足らなかった。それらを日本人がどのように生活文化に採り入れているか、その在り方そのものの展示をしたいと考えたのだ。

そこで彼は、柳橋、松葉屋の抱え芸者、加禰《かね》、寿美《すみ》、佐登《さと》という三名の日本女性をパリまで連れて行き、万博会場に設営した水茶屋に芸者の正装で侍らせ、茶菓子の接待をさせた。接待ばかりではなく、独楽を回して遊ばせる、あるいは長煙管で煙草を喫させるなどして、日本の花街の女性の生きた風俗を輸出、展示したのである。その三名の柳橋芸者こそ、開国後、正規な許可を受けて海外渡航した最初の日本女性とされている。

彼女たちの美麗な衣装や黒髪の美しさを引き立てる日本髪の髪かたち、その髪に挿した鼈甲や螺鈿の櫛《くし》、こうがい、絞りの手絡《てがら》などはもとより、優雅な立ち居振る舞い、しとやかなしぐさは大評判となって見物の人が絶えなかった。

当時は一橋徳川家の家臣で、徳川昭武の随行員としてこの万博を体験したのちの実業家、渋沢栄一（一八四〇―一九三一）は、その様子を、「東洋婦人の静養に渡航せしは未曾有のことなれば、西洋人のこれを仔細に見んとするもの、椽《えん》さきに立ちふさがり、目鏡もて熟視す」と、このパリ旅行の見聞録『航西日記』に記した。

芸者の実物展示というと批判論が巻き起こりそうだが、このときの三女性による芸者風俗の紹介は、日本のマイナス・イメージにつながるものではなく、日本女性の美点のアピールに功があった。彼女たちの容貌、衣装、挙措動作、存在そのものは、その後ヨーロッパを席巻するジャポニスムの潮流に先鞭をつけた。この日本文化紹介の功により、仕掛人の清水卯三郎はナポレオン三世から銀メダルを授与されている。

加禰、寿美、佐登の三女性にしても、つい昨日まで、幕府の特別な許可を得た者以外海外渡航の厳禁されていたあの時代に、よくぞはるばるパリまで出掛けて行ったものだ。柳橋芸者としての矜持あっての渡航だったのであろう。その勇気と心意気は褒められてよい。

残念ながら、三人の出自も、その後の消息も伝わっていない。

極子、父岩倉具視の奇禍を語る

明治六（一八七三）年九月、遣欧使節団の特命全権大使岩倉具視が、二年近くに及んだヨーロッパ、アメリカの視察旅行から帰国してきた。

日本を発つときは丁髷、羽織袴姿であった彼も、ワシントンで待ち受けていた森有礼少弁務使から、

「岩倉さま、そのようないでたちは、こちらでは奇異に映るばかりかと存じます。未開の蛮族と侮られますと、まとまるお話もまとまりませぬ。どうか、ご洋装を」

と進言され、留学中の二人の息子、具定と具経からも、

「森さまの言われる通りにござります。おでえさまもぜひ、われらのように」

と説得される。公家言葉で父親を、おもうさま、おもうさん、ということも多いが、岩倉家ではおでえさま、あるいは、おでえさん、と呼んでいたのである。息子たちの言を容れた岩倉は、このとき、髷を切り落とした断髪に背広、蝶ネクタイ姿であった。

それから四か月後の明治七（一八七四）年一月十四日夕刻……。

和装に靴という和洋折衷のいでたちで宮中に出仕した岩倉具視は、家路をさして自家用馬車を急

がせていた。その馬車が、赤坂紀の国坂上の喰い違い門付近まで来たとき、抜身の刀を手にした六人の男たちに取り囲まれた。

「岩倉だな、お命頂戴！」

当時沸騰していた征韓論に対して、岩倉は大久保利通、木戸孝允と共に反対の立場をとり、内政重視を説いていたが、そのために征韓論急進派から取り除くべき奸臣と見做され、この襲撃を受けたのだった。

男たちはまず、馭者に切りつけて来た。その返す刃が岩倉の肩先に当たり、はずみで彼はもんどりうって道の下の堀縁に転落した。幸い、真冬のことで、真綿入り白羽二重の襦袢が鎧代わりとなって傷は浅かった。彼はそろりそろりと後ずさりして水辺のぬかるんだ枯れ葦のしげみに身を隠そうとした。なおも後退すると、足が堀の水に浸った。すると、そこをねぐらとしていた鴨の群れが突然の闖入者に驚いて一斉に羽音高く飛び立った。

「しまった。気づかれる」

彼は青くなり、もはやこれまでと観念したが、襲撃犯らは隠れている岩倉をとうとう探し出せないまま去っていった。それでも彼は用心して、傷の痛みと寒さに耐えながらじっとしていた。

一方、馬場先門内の岩倉邸では、そろそろ主の帰宅時間だというので、いつものように表に家臣数名が立ち、馬車の到着を今か今かと待っていた。馬車が門を入れば、すぐに、

「お帰りーい！　お帰りーい！」

大声を張り上げて奥に知らせるので、女子どもは錠口に並んで坐り、手をついて当主を迎えるしきたりである。

ところが、この日に限って帰宅が遅いと皆が不安を募らせるうち、たてがみを振り乱した二頭の馬の曳く無人の馬車が、いななきと蹄《ひづめ》の音もけたたましく門内に駆け込んできたので、大騒ぎとなった。

「空のお馬車だけ帰ってまいりました！　御前は中におられません。馭者の姿も見えません」

家臣の注進で、家族一同も外へ飛び出した。馬たちは興奮して鼻息も荒い。誰かが叫んだ。

「やや、お馬車に血がついておる！」

極子はこのときの驚愕を、後年、孫の徳川元子（一九〇七―八九）にこう語っている。

あの時はほんに驚きました。もう外は真暗で、そろそろおでえ様《さん》のお退きの時刻だと思って、皆でお待ち申していましたら、ご門のあたりが急に騒騒しくなって、空《から》のお馬車を曳いた二頭の馬が、蹄の音も荒々しく駆け込んできたというやから、大変やいうのですぐ宮内庁にお知らせして、みうちで手分けしてお探し申したのです。

（徳川元子『遠いうた　七十五年覚え書』講談社、一九八三年）

このように、この日の岩倉家の大混乱ぶりを極子が実体験として詳しく語っているところをみる

田中有美筆《岩倉公画伝草稿絵巻》　宮内庁三の丸尚蔵館蔵

と、夫氏共がアメリカ留学中の極子は、実家の岩倉家で過ごす時間も多かったようである。

すぐに宮内省に連絡がとられ、夜道を提灯を持った者たちで捜索すると、崖の下から、半ば水に浸った羽織袴に靴履きという姿の具視が冷え切った体で這い上がってきた。聞けば、上の道に人の気配がなくなっても、冷たい堀の水に足を浸しながら身じろぎもせずに我慢を続け、冷たさに気が遠くなりかけた頃、ようやく人声がしたので崖を這い上がると、向こうから「御用」と書かれた提灯を持った捜索の一行が近づいてくるのがみえたが、なおもじっと目を凝らし、本物の御用提灯であることを見届けた上で、助けを求めた、というのである。

「体は凍りそうやし、お靴には水が入って重いわ、崖を這い上がろうにもおずるずるさんで、ほんに困り果てました」

このまま自宅に帰してはまた襲撃を受けるかもしれないとの配慮から、彼は御所に運ばれて冷え切った体を温めてもらい、手厚い介護を受けた。その後、宮内省の馬車で自邸に帰還する。しかし、主人を守って応戦した馭者は重傷を負って、不幸にも落命した。主人の身代わりとなったわけで、まことに気の毒な最期であった。

《岩倉公画伝草稿絵巻》田中有美筆（宮内庁三の丸尚蔵館蔵）には、このときの具視が堀端の枯草むらに身を潜める様子を描いた絵が収載されている。

氏共の帰国

岩倉襲撃事件から二年ほどたった明治九（一八七六）年、アメリカ留学中の戸田氏共のもとへ、実父で第九代大垣藩主、戸田氏正危篤の報が届く。氏共は急遽、帰国の途に就いた。

船足よ、速かれ。

氏共は念じたが、七月九日早朝に船が横浜港に入ったとき、その十一日前の六月二十八日に、氏正はすでに息を引き取っていた。享年六十四。戊辰戦争のとき、この元藩主が城代の小原鉄心を支持して佐幕派から勤王派に転じたことで、大垣藩は大転換期を無事に生き延びることができたのである。英邁《えいまい》な君主であった。

七月九日は葬儀の日だった。上陸後ただちに、戸田家の菩提寺である東京駒込の蓮光寺に駆け付けた氏共は、実父の埋葬に立ち会うことができた。妻の極子とも、ここで五年ぶりに再会した。五年前にはまだあどけなかった妻は、芳紀十八歳のまぶしいばかりにあでやかな女性に成長していた。極子はこの間、十三歳から十八歳の娘盛りを、戸田家の家風に順応しつつ稽古事に励みながら、彼の帰りを待っていてくれたのである。葬儀の場ではあったが、これからこの美貌の妻と始まる新しい暮らしを思い、氏共は胸のときめきを押さえることができなかった。

それからしばらくの間は、各方面に帰国の挨拶に出向く、不在中に起きた家中の諸事の報告を受けて指示をくだす、膨大な荷物の荷ほどき整理をするなど、毎日が慌ただしく過ぎていった。


十二月には駿河台南甲賀町六番地（現在の千代田区駿河台三丁目）に新邸が完成したので、氏共夫妻は、数十名に及ぶ家臣や使用人たちを引き連れて、本所の屋敷からここに移った。

広大な敷地内には、家臣のための長屋も立ち並んでいた。近隣から通いの者もいるが、多くの者はこれら邸内の長屋を住まいとして、毎日屋敷へ出勤する。家臣には、家令、家扶《かふ》、家従のランクがあり、彼らはお役所と呼ばれる執務室で家令の監督のもと、事務を執るほか、主人一家の身辺を補佐して家の内外の雑務を遂行する。主人の名代として、他家に出向くことや、寺社に代参することもある。

この時代の足の便はまだ馬車なので、敷地内には厩《うまや》があり、それに続いて、馭者のための住居があった。これらはのちに、車庫と運転手住宅に変わる。

女性の使用人は屋敷うちの女中部屋に住み、氏共の幼少の頃から仕えてきた、谷口きくという奥女中筆頭格の女性の指揮のもと、きびきびと立ち働いた。

この谷口きくは、天保十三（一八四二）年生まれ。生涯独身で主家と共にあり、大正十一（一九二二）年にこの屋敷内で没するまで氏共に仕え続けた。

戸田氏共が建てた神田駿河台の洋館。関東大震災で消失（提供：徳川宗英）

氏共には、実父氏正の正室・種姫《しな》（のちに親姫と改名）という嫡母と、氏正の家臣吉田氏の娘の鶴という実母のほか、養父となった実兄氏彬の正室・鏡《けい》（氏彬没後は大栄院と称する）という養母がいたが、三女性とも氏共と同居することはなかった。従って、この谷口きくが、いわば、戸田家奥内の主のような存在であった。幸い、きくはやさしく物静かな性格で、氏共の留学中にも、公家から嫁いだ若い奥方に姑風を吹かせることなどいささかもなく、それどころか、よき指南役とも、こよない相談相手ともなった。

満十三歳で旧大名家の当主の妻となり、五年間も夫不在の生活を余儀なくされた極子にとって、戸田家の家風やしきたりを、好意を以て教えてくれる、頼りになる存在が、この谷口きくであった。

極子の孫の徳川元子は、「老女のきくは優しいひとでしたから、きっと若い祖母の、陰になり日向になりして力になっていてくれただろうと思います。きくの生涯、祖母ときくは、親子のように、また姉妹のように仲睦まじく暮らしていたのを目のあたりに見て、私はいつもそう思っていました」と述べている（前掲書より）。

駿河台の新邸に移った月から、戸田氏共は工部省鉱山局勤務となり、技術官僚として同省へ通い始めた。その後、明治十二年十月に文部省御用掛准奏任に任じられたのち、明治十三年七月に、再び、鉱山局勤務を命じられている。


家庭では極子との仲も睦まじく、帰国の翌年にまず長女の孝子《こうこ》を授かった。

そして、その翌明治十一年には長男氏徳《うじのり》が誕生した。

「これで跡取りができた。戸田家も安泰だ」

氏共は相好を崩し、極子も安堵の胸を撫でおろす。

続いて次女米子《よねこ》が年子で生まれ、二年おいて三女の幸子《ゆきこ》と、夫妻は計四人の実子に恵まれた。

第四章　鹿鳴館

外国人接待施設の建設決定

氏共が文部省御用掛から再び鉱山局勤務となった明治十三（一八八〇）年、政府は、外国からの賓客のための接待施設の建設を決定した。

開国まもない明治初期、国家財政ほぼゼロ状態からスタートした新政府には、外国からの貴賓を接待する専用施設を新築するゆとりなどあるはずもない。そこでやむなく、浜離宮正門内にあった旧幕時代の海軍所施設を改修して「延遼館」と命名し、そこに国賓を迎えて急場を凌いできた。

しかし、もともと殺風景な海軍施設であった上に、欧米流社交にまったく馴染まない武骨な薩長出身者たちが接待に当たるのだから、行き届いたもてなしのできようはずもない。つまり、ハードもお粗末な上に、ソフトはさらに悲惨なものであったのだ。

そうした状況のところへ、明治十一（一八七八）年、二年間のイギリス留学を終えた長州藩出身の井上馨《かおる》（一八三五―一九一五）が帰国してきて、外務卿に就任した。欧米流の洗練された社交に強く感化されていた井上の目に、この状況がどれほど嘆かわしいものに映じたことだろうか。


翌明治十二年には、イギリスのリード議員、ドイツ皇帝の孫ハインリヒ、香港知事のヘンネッシー夫妻が相次いで日本を訪問したので、そのたびに井上は青くなったり赤くなったりしながら、何とか対応した。会場には川村海軍卿の私邸やら井上工部卿の官邸やらを借り受け、調度品や絨毯は渋沢栄一を拝み倒して渋沢邸の備品を貸してもらう。こうして、まがりなりに宿舎と接待施設の体裁を整えた。

七月八日には、アメリカ前大統領グラント将軍が世界周遊の途上、日本にも立ち寄ったが、そのときも、ほかに適当な施設がないので、前述の「延遼館」が将軍夫妻の宿泊施設、及び、明治天皇との会見の場として供された。

来朝記念大夜会の会場には、はたと困った、そこで井上は頭をひねり、旧延岡藩邸内、現在の霞が関三丁目にあった工部大学校の講堂をそれに当てることを思いつく。

ここは明治六年に工学寮内に開校した工学校を前身とする工学教育機関で、校長のイギリス人ヘンリー・ダイアーをはじめ教授陣の多くは欧米から招聘された外国人。学生は全国から集められた選りすぐりの俊英たち。授業料や教材費はむろんのこと、衣食住すべてが官費で賄われて、近代国家の礎となる工学エリートが養成されていた。

講堂は、フランス人のお雇い技師ボアンビル（一八四九―九七）の設計になるバロック式建築。シンメトリーな外観は壮麗だが、学校の講堂として設計されているため、厨房などの設備も簡素なものである。夜会の晩餐を供するには、何かと不都合が多かった。

そこでこの日は、明治六年から京橋采女《うねめ》町三十二―三十三番地に開業していたホテル兼西洋料理店、築地静養軒が出張してきて、手のかかったフランス料理を供した。

コース順に次々と運ばれてくる料理は、どれも見た目も美しく味もよく、井上は満足した。

これなら、グラント将軍の口に合ったに違いない。

彼がほっとしていると、背筋に冷や汗の流れるような光景が目に入ってきた。政府高官のひとりが、フィンガーボールの水を飲もうとしているのである。

グラント夫妻にみられなければよいが……。

彼が祈るような気持ちで身を固くしていると、別の男が、肉用のナイフでデザートのアイスクリームを食している。それはまだよいほうで、指で掬って口に運ぶ者もいる。

何ということだ！

これでは外交どころではない。一日も早く外国人接待施設をつくり、そこで政府高官たちに西洋流のテーブルマナーや社交マナーを学んでもらわねばならない。そうしたマナーを以て外国からの賓客をもてなせば彼らに好印象を与えることができ、文明国日本をアピールすることもできよう。

それが不平等条約の改正への道につながる。
井上はこう確信し、接待施設建設計画を強く推進したのである。

現帝国ホテルの南隣の地に

建設用地に選ばれたのは、東京麴町区内山下町の旧薩摩藩装束屋敷跡地。ここは現在の千代田区内幸町一丁目で、ＮＢＦ日比谷ビル（旧大和生命ビル）が聳えている。北隣は帝国ホテル、日比谷通りを挟んだ反対側は日比谷公園である。

といっても、接待施設は、現在の日比谷通りに面する北西向きにではなく、南西向きの建物として設計された。反対側は、大和《やまと》郡《こおり》山《やま》藩柳沢家の上屋敷のあったところで、明治元年に新政府が接収して東京府庁の府庁舎を建てていた。つまり、接待施設は、当時の東京府庁と向かい合う形で設計されたのである。ただし、この初代東京府庁舎は明治二十二年に、現東京フォーラムのある丸の内三丁目に移転した。

設計者に抜擢されたのは、工部大学校で教鞭をとる二十七歳の英国人建築家ジョサイア・コンドル（一八五二―一九二〇）。施工を請け負ったのは、土木用達組。これは、越後出身の実業家大倉喜八郎と堀川利尚の共同出資による土木建築組織で、その後明治二十六年に大倉土木組へと改組され、それが現在の大成建設の源流となっている。

総工費は現在の四十億円ほどに相当する十八万円。厳しい台所事情を抱える明治政府としては無理を押しての出費で、東京府も不如意な懐中からいくばくかの予算を拠出した。

建坪は四百四十坪。ネオ・バロック様式の二階建ての一階には大食堂、談話室、図書室、謁見室、ビリヤード室などが設けられ、二階の三室の舞踏室は間仕切りを開け放つと百坪もの大広間となるよう設計され、床は真紅の絨毯張り、天井にはシャンデリアがきらめく。

二階には舞踏室のほかに、外国人用の宿泊室が十数室あった。建物とセットにデザインされた南側の庭園は美麗なもので、池を中心とするシンメトリーなデザインだった。その庭園に向いた建物の開口部には広いバルコニーが設計された。

建築途中には、当初予定された規模を拡大する設計変更もあって工期には三年余の歳月を要し、煉瓦造りの壮麗な純欧風社交クラブが落成したのは明治十六（一八八三）年七月のことだった。

施設の名称は、中国の『詩経』「鹿鳴」の冒頭「呦呦《ゆうゆう》として鹿は鳴き　野の苹《へい》を食らう／我に嘉《か》賓《ひん》有り　瑟《しつ》を鼓し笙《しょう》を吹かん」に由来があり、「鹿鳴館」と名づけられた。『詩経』は、鹿は仲間を呼ぶときに鳴く、といういわれを踏まえている。

落成記念大祝賀会に出席した女子留学生たち

落成の祝宴は、井上馨四十八歳の誕生日にあたる、明治十六（一八八三）年十一月二十八日に、井上と妻武子の連名で千二百名の賓客を招待して盛大に開催された。

その顔ぶれは、皇族、大臣、諸外国の公使や要人、各分野のお雇い外国人、外務省や関係各庁の主だった者たち、井上夫妻の知人といったところだが、ここで注目すべきは、万事欧米流が尊ばれて、招待客も夫婦連名とされたことだった。それまで「奥方」「家内」として家のうちにあって表舞台に出ないものとされていた妻たちに、夫と並んで社交の一翼を担う役目が期待されたのである。

この開館式の夜、約千二百名の招待客のうち、実際に来館した者はその六―七割で、ことに女性の数が少なかった。というのも、いきなり女性たちを社交の場に引き出そうとしても、招待状を受け取った高位高官の妻たちの多くは、その準備も心構えもなかったからである。

まず、着ていく洋装一式の持ち合わせがない。西洋料理にも馴染みがなく、ナイフもフォークも使えない。まして、ダンスなど踊れるはずもなく、外国人との会話など不可能だ。だから、大半の妻たちは当惑して出席を見合わせてしまった。実際に出席した日本人女性も、ヨーロッパの夜会での女性の正式礼装、ローブ・デコルデを着用していた者は少なく、おおかたの女性は三枚襲ね、白襟五つ紋の裾模様という和服の礼装だった。

しかし、中には、板についた洋装姿で外国語を操り、ダンスにも衒いなく参加する、何人かの女性の姿もみられた。

まず、明治四（一八七一）年に、岩倉使節団の一行に加わって渡米し、最近帰国してきた最初の海外女子留学生たちである。十二年前、いたいけな振袖姿で横浜から船に乗り、見送りの人たちから、

「あの娘たちの親は鬼か蛇か」

と囁かれていた、初々しい少女たちが、今や英語も堪能ならスマートな社交マナーも身に着けた洋行帰りの淑女に変貌し、堂々とこの落成祝賀会に出席していたのである。出掛けたときは五名だったが、年長の二名、上田悌子と吉益亮子は渡米後十か月ほどで体調を崩して日本へ戻ったため、十年間、あるいは十一年間にわたるアメリカでの勉学を終えて、今夜この祝賀会に出席していたのは、二十三歳の山川捨松、二十一歳の永井繁子、十九歳の津田梅子の三名だった。

大山巌夫人となった山川捨松

山川捨松は旧会津藩国家老の娘で、幼名をさきといった。少女時代には会津戦争に遭遇して若松城の籠城に加わり、城に撃ち込まれた砲弾の破裂前に、濡らした蒲団を広げながらその砲弾に飛び

つく命がけの鎮火作業も手伝った。この「焼き玉押さえ」は籠城中の女の仕事とされていたのだ。捨松の長兄浩の妻とせは、この「焼き玉押さえ」中に砲弾が炸裂して全身に重傷を負い、苦しみ抜いた末に落命している。

戦いに敗れたあと、これまで二十三万石だった会津藩は下北半島の先端近くに追いやられ斗南《となみ》藩としてわずか三万石、実質七千石に改易されてしまう。凍てつく北の大地で藩士たちを待っていたのは、肥桶を担ぎ鋤や鍬をふるう厳しい開墾生活。畳も障子もない掘っ立て小屋には雪と寒風が容赦なく吹きつけ、乏しい食料では足りずに木の根草の根から犬猫の肉まで口にしても飢えは猛威をふるい、栄養失調から死ぬ者が相次いでも、その葬式すら出せなかった。

その困窮状態の中、「官費留学生、男女若干名募集」の報に接した山川家では、起死回生を賭ける思いで次男（三男ともいわれる）の健次郎と共に、知り合いを通じてフランス人家庭に預けてあった十一歳の末娘さきも応募させる。捨松という名は、このとき、母親のえんが、「娘は一度捨てたものと思い、帰国をまつのみ」の意から、このさきを改名させたものだ。

もともと利発な少女であった、さき改め捨松は、十一年間アメリカで高等教育を受け、幅広い知識を吸収して帰国する。だが、当時の日本には彼女の知的能力を生かす場がない。せっかくの語学力や知識見識もいたずらに遊ぶばかり。捨松は日々、失望を濃くしていた。

そんなとき、妻に先立たれて、家の内外を取り仕切ることのできる聡明な女性を二度目の妻に、と切望していた参議陸軍卿、大山巌《いわお》（一八四二―一九一六）の目に留まる。

大山はジュネーヴ留学歴があって、英語、フランス語を話した。だが、現在の彼の立場上、自身が語学に堪能であるだけでは済まなかった。外国人との夫婦単位での交際が必要不可欠だったのである。そんな大山にとって、捨松以上の妻は望めない。彼の意を知った亡妻の父吉井友実《ともざね》が仲立ちして、山川家に縁談を申し入れてきた。

しかしながら、大山は会津の仇敵の薩摩出身。しかも会津戦争では、彼こそが砲兵隊長として、鶴ヶ城に砲弾を撃ち込んでいた指揮官であったから、山川家にとっては、長男の妻とせの直接の仇にほかならなかった。当然、この縁談に猛反対する。大山はそれでもあきらめず、たって捨松を妻にと、懇請し続けた。

一方の捨松にとっても、欧米流の考え方と生活スタイルを身につけた大山は、共に歩んでいくことのできそうな稀な相手であったし、彼のパートナーとなることは留学の成果を生かす最良の道にも思えた。

大山捨松

大山の熱意に根負けした山川家では、捨松の気持ち次第というところまで譲歩する。

すると捨松は、アメリカ育ちらしく、互いを理解し合うための交際期間を置くことを提案する。これには大山も異存がなく、当時としては異例の数回のデートを経た二人は愛情を深めていき、この鹿鳴館落成大祝賀会のつい二十日前、十一月八日に結婚式を挙げたばかりだった。

従って、当夜は新婚早々の夫婦揃っての列席。大山の惚れ込んだ通り、語学もダンスも堪能な新妻捨松は、日本女性にはめずらしい長身に洋装がよく映え、洗練された社交感覚、会話センスという点でも、当夜の女性たちの中でひときわ群を抜いていた。

瓜生外吉夫人、永井繁子は音楽取調掛のピアノ教授

捨松より二歳年少の永井繁子も、この前年に海軍軍人でのちに大将、男爵となる瓜生外吉《うりゅうそときち》（一八五七―一九三七）と結婚して、瓜生繁子とその名が改まっていた。

瓜生外吉はアメリカに六年間留学してアナポリス海軍兵学校を優秀な成績で卒業した逸材だったから、大山夫妻と同様、こちらも国際舞台に通用するカップルである。

繁子は、名門女子大学ヴァッサー大学で音楽を専攻してピアノ演奏に優れていたので、発足まもない日本最初の洋楽教育機関、音楽取調掛の指導者の地位に就くことができた。

実は、捨松も繁子も、後述する津田梅子も、帰国してきてしばらくの間、もしかしたら、かなりのちのちまで、共通の、深刻な悩みを抱えていた。その悩みとは何か。

それはほかでもない、日本語の忘失であった。

捨松は看護学を、梅子は生物学を専攻したのだが、その専門知識を生かすことのできる、しかるべき職能が日本に用意されていなかったことに加え、たとえ、そうした受け皿があったとしても、日本人の上司や同僚、あるいは、教職であれば生徒との円滑なコミュニケーションを図るには、日本語力が不可欠だというのに、当時の彼女たちはそれが可能なほどの日本語力を持ち合わせてはいなかったのだ。職場どころか、家族との会話にも不自由をきたすありさまだった。

その日本語力不足がネックとなって、捨松も梅子も専門知識を生かした職に就けなかったのに対して、幸いなことに、繁子の専攻は、音が言葉を語り、楽の調べが心を伝えてくれる音楽だった。生徒へのメッセージはピアノの音そのものに託すことができ、実際にピアノを弾いて手本を示すことでレッスンが成り立ったのだ。

しかも、当時の日本は、音楽の分野も西欧を規範としてそれに追いつこうとする方向へ舵を切ったばかりであったから、洋楽指導者は喉から手が出るほど欲しい。そこへタイミングよく帰国してきた繁子は、非常に運がよかったと言える。

永井繁子

こうして、繁子は音楽取調掛で教え始めたが、その教え子の一人に、文豪幸田露伴（一八六七―一九四七）の妹で、のちに東京音楽学校教授として明治楽壇を牽引することになる幸田延《こうだのぶ》（一八七〇―一九四六）がいた。

幸田延

江戸城の茶坊主の家柄に生まれた延は、教育熱心な両親の配慮で東京女子師範学校附属小学校へ通ううち、音感教育のために定期的に同校を訪れていたアメリカ人音楽教育家、ルーサー・ホワイティング・メーソン（一八一八―九六）に着目される。延は幼児期から、長唄と箏曲を稽古していたので、洋楽の吸収にも優れていたのである。メーソンの推薦で、音楽取調掛の伝習人（生徒）となっていた延は、もちろん、引き続きメーソンの教えも受けたが、繁子の指導も受け、やがて「鹿鳴館」でしばしば舞踏会が開催されるようになると、多忙な繁子の代理として、同館で何度か、ダンスの伴奏音楽としてのピアノを弾いた。

幸田延の弟子たちで結成するピアノ愛好会「幸延会」会員たちが師の思い出を綴った回想録『紀尾井町時代の幸田延』（日本洋楽資料収集連絡協議会編、一九七七年）には、弟子の都留正子の次のような一文が見受けられる。

そのころは鹿鳴館時代に当りまして、瓜生先生がそこでピアノをお弾きになっていらっしゃいまして、あるとき瓜生先生が、「幸田、おまえ行って弾くように」とおっしゃって、そして幸田先生が鹿鳴館のときにちょっとお弾きになったということを幸田先生からうかがいました。

女子教育の夢を温める津田梅子

三人のうち、ただ一人当夜もこの先も独身の津田梅子は、もっとも幼い年齢でアメリカに渡ったせいか、他の二人よりも日本語の忘失が甚だしく、帰国当座は、母親や弟妹と会話するにも、英語のできる父や姉の通訳を必要とするほどだった。そのため、梅子は、条件のよい教師の口を世話されてもみすみす断わらざるを得ず、ため息をつく日々が続いた。

すると、この落成記念祝賀会より三週間余り前の十一月三日、井上外務卿の官邸で開かれた夜会に出席したところ、その夜会で、思いがけない人物と再会した。一人の紳士が、ニコニコしながら近づいてきたのだ。

「わたしを覚えていますか?」

まったく思い出せなかった梅子がどぎまぎしていると、紳士は名乗った。

「伊藤ですよ」

かつて渡米するとき、岩倉使節団の副使として同じ船に乗っていた伊藤博文だった。前年の三月から憲法制度の調査のためにヨーロッパ視察旅行に出た伊藤は、八月に帰国して、帝国憲法の起草準備に当たっていた。梅子は伊藤に近況を語る。

すると数日後、伊藤から梅子の父・津田仙に来宅が請われ、仙が出向くと、梅子を客分として伊藤家に招きたいとの話であった。これからは妻や娘にも社交の機会が増えるので、ぜひ、彼女たちに英語と西洋マナーを教えてやってほしいというのだ。

伊藤の妻は、梅子と同名の梅子といい、下関の置屋の養女で、維新前に「小梅」の名で芸妓に出ていたところ、イギリス帰りの伊藤と知り合って落籍され、その二番目の妻となってぐんぐんと出世していく夫を支えてきた。賢夫人の誉れ高く、夫の放縦な女性関係も知り抜いて、黙ってその後始末も務める一方、非常に向学心が強く、書や和歌を稽古し、英語の習得にも熱心だった。

伊藤との間に男児はなく、娘としては、梅子の実子の生子《いくこ》と、伊藤の婚外子で養女として梅子が育てた朝子がいた。

伊藤の丁重な求めに応じ、伊藤家の女性たちの家庭教師を引き受けた梅子は、彼の屋敷に移ったばかりで、この落成記念夜会の席でも、伊藤夫人や令嬢たちの通訳を務めていた。

たしかに、「鹿鳴館」のような外国人との社交の場では、抜きんでた英語力を持つ梅子は、小柄ながら存在感があった。

だが、もともとそうした社交生活をあまり好まず、気の張る多忙な日々を送っていた梅子にとって、パーティー出席は決して心から楽しめるものではなかった。

アメリカで十一年間、梅子のホームステイを引き受け、母親代わりとなって育ててくれたアデリン・ランマン夫人宛ての一八八五年三月十日付の手紙には、こんなことが書かれている。前夜、彼女は鹿鳴館のパーティーに出掛けたのである。

「今夜はすっかり疲れて足は痛むし、早く寝たいものです。〔略〕時間がたくさんあって、余裕のある人でなければ、年中パーティーに出るのは割の合わないことです」(大場みな子『津田梅子』朝日新聞社、一九九一年)。

この時期にはまだ漠然としていたかもしれないが、津田梅子の大志は教育分野にあった。梅子はこのあと、華族女学校の英語教師を経てアメリカに再留学し、再帰国後の明治三十三年に女子英学塾を創設する。現在の津田塾大学の前身である。

明治九年の外遊がものを言った井上馨夫人武子

彼女たち留学生を別格として、そのほかにも何名か、洋装を着こなし、外国人と意思を疎通させ、ダンスにも参加できる女性たちがいた。

まず、当夜のホスト、井上馨の妻武子(一八五〇―一九二〇)である。

武子は嘉永三年の三月に武州新田《しんでん》郡田島村に生まれた。父新田俊純は新田義貞の末裔と称する郷士だが、維新の世には新田家にも有為転変があり、武子は一時期、江戸の柳橋で左褄《ひだりづま》をとっていた。その後まもなく、中井弘という洋行帰りの薩摩藩士の妻となる。

明治二（一八六九）年、中井が政権抗争のあおりから官職を辞して郷里に謹慎することになり、愛妻武子の身柄を知人の大隈重信夫妻に託していったところ、武子は大隈邸に出入りしていた井上馨と親密な間柄となった。大隈夫妻も周囲の者も、そのことが中井の耳に入ってはたいへんと戦々恐々としていたが、一年近くたって舞い戻った中井が、至極あっさりと武子を井上に譲ることに同意したので、一同安堵の胸を撫で下ろす。

面白いことに、この中井弘が「鹿鳴館」の命名者である。井上が何のこだわりもなく喜んで中井の知恵を借りているところをみると、井上と中井との間に、武子をめぐるわだかまりなどなかったようだ。

このとき、大隈重信の妻綾子は、井上に「一生武子と添い遂げる」という誓約書を書かせた。旗本の娘に生まれながら、動乱の世に辛酸を舐めた末、苦界に身を沈めていたのを大隈に懇望されて身請けされただけあって、綾子は、武子と同年の当時十九歳の若さながら、聡明なしっかり者だった。井上もこれが初婚ではなく、維新前の動乱期に一度結婚してその妻を捨てた前科があるだけに、綾子は武子の将来を案じたのである。

この誓約書が奏功してか、井上は生涯、家庭外に愛人を持つことはあっても、武子を正妻として重んじ、明治九年六月から二年間の欧米視察旅行の際にも、養女の末子と共に武子を伴った。

自身が欧米で見聞を広めるだけでは不十分で、これからの時代は夫婦単位での社交が外交の重要な鍵となることを予見し、武子と末子をその任に堪える女性に仕立て上げるための妻子同伴であった。井上のこの先見の明は高く評価されてよい。その後の日本外交をみればよくわかるが、いかに大使個人が語学、学識、社交性に優れていようとも、夫人がそれに釣り合う教養を具えていなければ、欧米流の夫婦単位での社交が叶わず、従って、外交の成果があがりにくいからである。

夫の目論見通り、武子は、長い船旅の船中で、まず外国人女性たちと目礼を交わし合うことから交際に慣れていき、片言の挨拶を交わすようになる。二か月半のアメリカ各地の滞在を経て、ロンドンに落ち着くと、慶應義塾を卒業してこの地に留学していた中上川《なかみがわ》彦次郎（一八五四—一九〇一）から英会話のレッスンを受けた。中上川は慶應義塾の創立者、福沢諭吉（一八三四—一九〇一）の甥で、のちに三井財閥の工業化と三井銀行の経営改革を成功させて「三井中興の祖」と呼ばれた人物である。

こうして、基本英会話の上達した武子は、夫の井上と連れ立って社交の場にも出るようになり、ドレスや装飾品のショッピングにも出掛けて、実用英語の修練も積んだ。

二年間にわたるアメリカとヨーロッパ諸国の外遊経験は武子の大きな財産となり、「鹿鳴館」の落成祝賀会のとき、三十三歳の井上武子は英語を操ることも、ダンスのステップを踏むこともできた。

外交官夫人のホープとなる井上末子

養女の井上末子（一八六四—一九三四）に至っては、養母の武子以上に英会話に堪能で、フランス語会話まで身につけていた。海外生活を経験した年齢が十二歳から十四歳と伸び盛りだったおかげで、末子は言葉の吸収が早かった。イギリスでは、マンチェスター・リヴァプール大学の物理学者オーヴー教授宅に預けられて、レベルの高い一般教育全般まで、キングズ・イングリッシュで教育されていた。

末子は、ちょうどこの年に、井上の実兄光遠《みつとお》の子で、井上の養嗣子となった井上勝之助（一八六一―一九二九）と結婚したばかりの二十二歳。その新妻らしい匂い立つような美しさも人々を魅了していた。

夫の勝之助も、新時代の人材育成には海外で学ぶことが不可欠と考える叔父井上馨の方針により、明治四年から十二年まで、八年間もロンドンに留学して法律学を学んでいた。だから勝之助、末子夫妻にとって、外国人との会話と社交術はお手のものだった。のちに勝之助は初代駐独およびベルギー大使、イギリス大使を歴任し、末子はその夫をよく補佐して賢夫人の誉れ高かった。

戦前にブラジル大使を務めた外交官、澤田節蔵（一八八四―一九七六）の回想録に、次のようなくだりがある。澤田がロンドンの日本大使館に勤務していた若き日に、井上勝之助を大使として迎えた頃の回想である。

井上大使は夫人を同行され、私どもは夫人にもずい分ご厄介になった。同夫人は明治の元勲井上馨侯の令嬢で、大山の母（節蔵の妻美代子の母で大山綱介元駐イタリア特命全権公使夫人の大山久子――引用者）と懇意の間柄であったため、美代子をとくに近づけてくださり、しばしば外出のお供を仰せつかることがあった。美代子も同夫人から外交官の妻としての心得を学ぶところ多かったに違いない。

（『澤田節蔵回想録　一外交官の生涯』有斐閣出版サービス、一九八五年）

続けて、末子の卓越した語学力と教養に触れている。

英語は英国の教養の高い人々と同様に駆使され、お話にしても手紙等にしても到底われわれの及びもつかぬほど練達されていた。〔略〕ある日私の家内が、井上夫人にお頼まれして大戦中英国海軍司令長官であったジェリコー海軍大将夫人をお訪ねしたところ、「井上大使夫人の英人秘書は誰ですか」と聞かれたそうだ。「英国人の秘書はお持ちではなく、手紙などすべてご自分でお書きになられます」と答えると、ジェリコー夫人はたいそう驚かれ、「いつもいただくお手紙の文章も書き方もとても立派で、英国婦人でもよほど練達した者でないとあいうふうには書けないので、誰を秘書に使っておられるのかと思っていました」と云われたそうである。名宰相原敬さんが、井上夫人がもし男であったら自分より先に総理大臣になられたであろうといわれたことをあとで誰かから聞き、さもありなんと思った。

（前掲書）

柳原初子、陸奥亮子、鍋島栄子

特命全権公使としてロシアに赴任歴のある柳原前光《やなぎはらさきみつ》夫人の初子（一八五四―一九一一頃）も、フランス語であろうか、外国人との会話の手立てを持っていた。初子は富裕な旧宇和島藩の最後の藩主伊達宗城《むねなり》の娘である。夫の前光は手許不如意な公家の家柄であったから、初子には少なからぬ内助があったといわれる。

前光の妹は、明治天皇の典侍で大正天皇の生母柳原愛子《なるこ》である。

この二年後、夫妻で「鹿鳴館」の夜会に出席中、愛妾に女児誕生の知らせを受けた前光は、鹿鳴館の華燭に因み、その娘を燁子《あきこ》と名づける。燁子はのちに九州一の炭鉱王に嫁して豪奢な銅《あかがね》御殿の女主人となり「筑紫の女王」と呼ばれたが、大正十年、若い社会運動家と恋に落ち、愛なき夫のもとを去った。柳原白蓮の名で歌人として知られるのがこの燁子である。

新橋芸妓小鈴から外交官陸奥宗光《むつむねみつ》の妻となった亮子《りょうこ》（一八五六―一九〇〇）も、のちには「鹿鳴館の名花」と呼ばれた女性だが、この落成祝賀パーティー時点では、夫の宗光は政治犯としての禁固刑が解けてまもない時期で、単身ロンドン留学中だった。亮子もまだ肩身の狭い思いで留守宅にひっそりと暮らしていたから、当夜のパーティーには出席していない。彼女が「鹿鳴館」を舞台に社交活動を繰り広げて注目されるのは、鹿鳴館時代後半のごく短い期間である。

肥前佐賀藩の第十一代、最後の藩主から外交官に転じ、イタリア二等全権公使を務めて帰国したばかりの鍋島直大《なべしまなおひろ》もドレス姿の美しい妻栄子《ながこ》（一八五五—一九四一）を同伴していた。

栄子の実家は公家の名門広橋家。父の大納言広橋胤保《たねやす》は明治天皇の皇太子時代に書を指南したほどの書の達人だった。

栄子は最初、岩倉具視の非嫡出男児で僧侶から還俗して南岩倉家を興した岩倉具義の妻となった。具義は、本書の主人公、戸田極子の異母兄にあたる。ところが、具義は明治十二（一八七九）年、三十七歳の若さで亡くなってしまった。実子を持たないまま独り身となった栄子は、その後、女官として宮中に出仕していた。

そこへ、直大との縁談が持ち込まれた。

明治初期に二度の留学経験のあった直大は、明治十三年にイタリア公使に任命されたが、その年の三月に最初の妻胤子《たねこ》を亡くすという悲運に見舞われていた。とりあえず、ローマに赴任したものの、妻がいなくては、夫婦単位の社交の不可欠な公使の職は務まらない。彼は一日も早く、共に社交生活を担ってくれる聡明な妻を迎えたいと願っていた。そんな彼の立場を知る周囲が、栄子に白羽の矢を立てた。美貌の上に宮中を難なく取り仕切る栄子ならば、公使夫人にうってつけという判断である。語学は現地で身につけてもらえばよい。

この縁談を受けた栄子は明治十四年早春に渡欧し、待ち受けていた直大と四月にローマの公使館で結婚式を挙げた。

翌年、同地で娘が生まれると、夫妻は、伊太利亜の都で生まれた子、という意味から伊都子《いつこ》（一八八二―一九七六）と命名している。この鍋島伊都子はのちに梨本宮守正王の妃となる。梨本宮・伊都子夫妻の長女が、最後の朝鮮皇太子李垠《りぎん》の妃となった李方子《まさこ》（一九〇一―八九）である。

この落成記念夜会をはじめ、その後鹿鳴館で開かれた各種の夜会や舞踏会で、鍋島栄子は堂々たる貴婦人ぶりを発揮し、その後も鹿鳴館屈指の名花と謳われた。

鍋島胤子と百武兼行

話は少し脇道にそれるが、鹿鳴館時代が到来するよりも前に病没した、直大の最初の妻胤子（一八五〇―八〇）も特筆さるべき女性であった。

鍋島胤子は公家の梅渓通善《うめたにみちたる》の長女で、元治元（一八六四）年暮れに満十四歳で直大に嫁いだ。明治三（一八七〇）年六月、胤子は佐賀城内で長女朗子《さえこ》（一八七〇―一九四九）を出産する。

第九章でも触れるように、この鍋島朗子は、長じて加賀百万石の大名家の後身、前田利嗣《としつぐ》侯爵に嫁ぎ、夫亡きあともこの名門華族家の女主として同家を支えた聡明な女性で、本書の主人公、戸田極子とも親しく交際した。

朗子に続いて、明治五年七月には、長男の直映《なおみつ》（一八七二―一九四三）も生まれた。

直映誕生のとき、夫直大はイギリス留学中であったが、明治七年、佐賀の乱の報を受けて急ぎ帰国してきた。幸い、騒動が収まったので直大は再びイギリスに戻ることになり、このとき、夫婦単位で欧米生活を経験しておくべきとの判断から、胤子も、朗子と直映を直大の嫡母の筆姫に託して夫に同行した。

ロンドンでは家庭教師を雇って、英語、ダンス、ピアノのレッスンを受けたほか、古くから王室でも尊ばれてきたイギリス刺繍を熱心に学んだ。さらに、刺繍のデザインや配色のセンスを養うために油彩絵の勉強にも打ち込んだ。日本女性として初めて油絵を学んだ貴婦人がこの鍋島胤子である。胤子の制作した油彩画は二点遺されているが、その繊細で緻密な筆遣いに彼女の人柄をみる思いがする。

鍋島直大・胤子夫妻

胤子がロンドンとパリほかヨーロッパで暮らしたのは明治七（一八七四）年十一月から十一年六月にかけての四年弱ほどである。滞欧中から病の兆しがあり、それが、帰国後に悪化したため、胤子は神戸に静養する。しかし、薬石効なく、明治十三（一八八〇）年三月三十日に二十九歳十か月の若さで没した。鹿鳴館の開館はその三年八か月後のことである。

だから、胤子自身は鹿鳴館をみずに亡くなったわけだが、胤子の絵画修行の遺産は、今も鹿鳴館ゆかりの社交施設に健在だった。本書の取材中、筆者は、鹿鳴館が宮内省に払い下げられたのちにその一部を本拠としていた華族会館の後身、霞会館を訪れ、そのロビーに飾られた、天井に届くほどの巨大な油彩画に目を奪われた。大きさばかりではなく、明暗のコントラストの極めて強い画風も力強い筆遣いも、みる者に強烈な印象を与える。

それは《ライオンと格闘する男》と題された油彩画で、ルーベンスの《ヘラクレスとメネアのライオン》の模写だが、「明暗と色調は原画とは異なっており、模写の域を越えた作品と云える」との解説が付されていた。模写した画家は「百武兼行《ひゃくたけかねゆき》」。百武なら胤子ゆかりの名でないか。

百武兼行（一八四二―八四）はもともと佐賀藩士で、外務書記官として鍋島直大・胤子夫妻の渡英に同行していた。ロンドンで、胤子が油彩画の稽古を始めるに際して、絵心のあった百武はその稽古相手に選ばれて、胤子ともどもリチャードソンという画家について勉強するうちにめきめきと腕をあげ、その後パリに移ってアカデミー派の大家レオン・ボナに師事し、画家として大成した。本業は外交官であったとはいえ、事実上、日本人最初の洋画家と目される人物である。

霞会館は鍋島家とも縁が深いから、ここに百武の作品があるのは当然かもしれない。しかし、鍋島胤子という薄命の貴婦人が西洋美術を学んだことが機となり、日本最初の洋画家が誕生したという事実に芸術誕生の不思議な縁を感じていた筆者は、今ここで、その百武の模写作品といきなり出会えたことに感無量だった。

第五章　戸田伯爵夫人極子

バッスル・スタイルの極子

鹿鳴館落成祝賀会のこの夜、もう一人、人々の注目の的となった女性がいた。バッスル・スタイルのドレスの着こなしも鮮やかな戸田極子《きわこ》である。

極子の洋装の写真が残されている。典雅なドレスのウェスト位置すぐ下の後部が大きく張り出しているのは、鯨の骨かその類似素材でつくった芯が、ドレスの下に着用するペチコートに仕込まれているからである。この特徴的なデザインが、当時大流行した、バッスル・スタイルである。

鹿鳴館の貴婦人たちの洋装は、ほとんど皆バッスル・スタイルであったが、すらりと上背があってウェストの引き締まった極子は、このバッスル・スタイルのドレスがよく似合った。すでに四児の母とはいえ、まだ二十六歳の極子は、生来の美貌と、この人目を惹く洋装姿によって、たちまち鹿鳴館の名花の一人に数えられるようになった。

落成祝賀会が開かれた明治十六（一八八三）年十一月二十八日時点では、まだ華族令が制定されていないので、極子はまだ、戸田伯爵夫人ではない。翌明治十七年七月七日に華族令が制定され戸田氏共が伯爵を授爵したときから、彼女は戸田伯爵夫人と呼ばれることになる。

外国語の会話に関してはどうであったろうか。

極子自身に留学歴はなく、この時点ではまだ渡航歴もなかったが、夫の氏共はアメリカに五年間留学しただけではなく、その後、明治十五年三月から翌十六年八月まで一年五か月間、私費を以て伊藤博文の憲法調査団一行に加わり、ヨーロッパ視察旅行にも出掛けていた。そのときのパスポートの旅券番号は一一八六六号。目的地として、ロシア、ドイツ、フランス、ブリテン、清国が記載されているので、ヨーロッパの主だった国々を一通り回ったことがわかる。

そんな氏共は、家庭生活に欧米流を持ち込んでいた。

例えば、日曜日の朝食には住み込みのコックに必ずパンケーキを焼かせ、それにはメープルシロップを欠かすことがなかった。また、煙草のことは「シガー」、あるいは「シガレット」と言い、「マッチ」は「マチェス」と複数形で呼ぶのを常とし、食卓の給仕に侍らせる召使いは「バチェラー」と呼ぶ。

こうした夫に感化され、極子も英語に親しんでいた。氏共の影響ばかりではなく、結婚後の五年間、留学した夫を日本で待つ間にも、英会話とダンスを学んでいた。それはおそらく、父の岩倉具視の配慮によるものと思われる。何しろ、これからの世の英語の重要性を見抜き二人の息子をアメリカに留学させた具視である。愛娘の極子も留学はさせないまでも、日本で英語を勉強する機会をつくっていた。

日本最初の慈善バザー

落成記念祝賀会のおりにはまだ少数だった洋装姿の女性もその後急速に増え、「鹿鳴館」では連日のように、夜会や舞踏会などが繰り広げられるようになった。その舞踏会のためにはダンスの練習が必要だというので、駒場農学校教師のドイツ人ヨハネス・ルードヴィヒ・ヤンソン（一八四九―一九一四）を講師とする踏舞練習会（ダンス講習会）も定期的に開かれた。

そのほか、十一月三日の天長節（天皇の誕生日）、五月九日の地久節《ちきゅうせつ》（皇后の誕生日）をはじめとする国家祝賀行事もここが会場となった。

明治十七（一八八四）年六月十二日から三日間にわたって、わが国最初の慈善バザーなるものが開かれたのもこの「鹿鳴館」である。

バザーを企画運営するのは女性で、当時十数家あった宮家の妃殿下連を筆頭とする高位高官夫人たちだった。箸より重い物を持ったことのない貴婦人たちが、この日のためにせっせと縫い針や編み棒を動かして手芸品づくりに勤しむ。手袋、涎掛け、紺足袋、半襟、肘突、丸紐、巾着、文庫、帽子、煙草入れ、人形、花簪、針刺し、色糸、竹細工、扇子、刺繡の半巾《ハンカチ》などなど。

極子も手芸は大好きで、押し絵、焼き絵、刺繡が得意だったから、それらの自作品を出品した。

販売品が集まると、貴婦人たちはわいわいと賑やかに相談しながら値付けする。

「このお人形はおいくらにいたしましょうか。五円でよろしくって。お高いかしら?」

「まあ、可愛らしいお人形さんですこと。ずいぶんと手のかかったお品ですもの。十円は頂戴あそばせよ」

こんな具合に、どれも目の玉の飛び出るほど高額の値札がつけられた。そして当日は、販売経験どころか、みずから買い物をした経験すらない貴婦人たちが、各売り場の売り子を務める。中には、物を売るなどという卑しい仕事にうちの娘は出せん、と、協力を断わってくる名家もあったが、父や夫の理解のもと、売り場に立った女性たちは大張り切りだった。

彼女たちは顔見知りの政府高官がやってくると、自分の陳列台の前を決して素通りさせなかった。旧藩主の奥方にあでやかに微笑みかけられては逃げられない。

高官は平伏して、欲しくもない品物を買わせていただく。冷や汗を拭き拭き、

「畏れながら」

と高額紙幣を差し出すと、

「慈善バザーでございますから、お釣りはお出しいたしませんの。ご承知ですわね。ほほほ」

旧藩主夫人にまるまる取り上げられてしまう。

バザーは連日盛況を究めた。三日間の来場者は延べ一万二千人。最終日には三菱財閥の総帥、岩

崎弥太郎も顔を出し、会頭を務めていた大山巖夫人捨松に声をかけた。

「いかがです。よく売れていますかな」

「はい、おかげさまで。でもまだ、これだけ残っておりますの」

捨松が売り場を見渡しながらため息をつくと、弥太郎はすかさず、紙入れを取り出した。

「では、残りを全部いただきましょう」

「岩崎弥太郎さま、全品お買い上げー！」

捨松の声が響くと、わあーっと売り場中に歓声があがった。

かくて完売。売上高はおよそ八千円。

「鹿鳴館」の総工費が十八万円であることからみても、明治十七年の米一俵（六十キロ）の生産者価格が一円八十四銭であったことから推しても、この売上高がいかに破格の数字であるかがよくわかる。現在のおよそ一億八千万円にも相当した。

ここから経費を差し引いた純益金は、英国セント・トーマス病院医学校に学んだ高木兼寛《かねひろ》が明治十五年八月に創設した「有志共立東京病院」に贈られた。この病院は、現在の慈恵会医科大学病院の源流である。同病院ではこの資金によって翌七月からの一年間に七百十九人の患者を診察、施薬し、うち三百二十六人を全快させた、というデータを発表している。貴婦人たちの微笑み商法も、立派な社会貢献を果たしたことになる。

「鹿鳴館」はこうして、明治十七年から二十年にかけて熱狂的な欧化主義の拠点となった。しかしながら、井上馨の意図したような、外国人との相互理解の進展や親睦、融和といった目的はほとんど達せられなかった。というのも、先にあげた少数の者たちを例外として、ここに集う日本人の大半は語学力も貧弱ならダンスのステップにも不慣れで、西洋流のマナーの習得など及びもつかない。従って、することなすこと外国の貴賓たちの失笑を買うばかり。これではとても、この連中と対等の付き合いを、などと思ってはもらえるはずもなかったからである。

このようなありさまでは、本来の目的である不平等条約の改正など思いもよらない。

一方、政府の付け焼刃的な欧化政策に対しては、保守的な人々から厳しい批判の声があがった。彼らは、「鹿鳴館」で連夜繰り広げられる舞踏会を「驕奢《きょうしゃ》を競い淫逸にいたる退廃的行事」と断罪した。

明治二十年四月二十日、首相官邸の仮装舞踏会

そうした鹿鳴館外交への批判高まる中、明治二十（一八八七）年四月二十日の夜、会場は鹿鳴館ではなく永田町の首相官邸であったが、鹿鳴館夜会の常連メンバーたちを集めて、伊藤博文首相夫妻主催による仮装舞踏会（fancy ball）が開催された。

この催しには、ホスト役の伊藤博文・梅子夫妻がヴェネツィア貴族に扮したのをはじめとして、四百名近い招待客が、三河万歳、大僧正、弁慶、牛若丸、虚無僧、白拍子、赤穂浪士、曾我兄弟、

静御前、七福神、薩摩武士、赤鬼、大原女などなど、それぞれ意趣を凝らした仮装で参加した。その正体の詮議で大いに盛り上がったところへ、美酒が入って座は乱れる。仮装をいいことに無礼講となり、ようやくお開きとなったのは翌朝四時。

この日、戸田伯爵夫妻は、江戸城築城の祖とされる戦国武将太田道灌と、道灌に山吹の一枝を捧げた村娘に扮していた。狩りに出てにわか雨に遭った道灌が蓑を借りようとしたところ、その蓑がないことを伝えるために「七重八重、花は咲けども山吹の、実のひとつだに　なきぞ悲しき」との和歌を添えて山吹の花を捧げたという、あの村娘である。「実のひとつだに」は「蓑ひとつだに」の掛詞であったのに、道灌はその意味を理解できず、なぜ蓑を貸してくれぬのか、と腹を立てたが、人に教えられて初めてわけがわかり、身分の低い村娘に具っている和歌の素養が自分にはないことを恥じ入って、それからは教養を磨くのに努めた、とされる。

宴のたけなわ、笑いさざめく貴顕、淑女たちの前に突然、どこからともなく着ぐるみの大きな熊が現れ、誰かれの別なく襲い掛かって大混乱となったとき、山吹の乙女に扮した極子がしとやかに現れて苦もなくその大熊を取り押さえるという一幕も演じられ、会場はやんやの大喝采に包まれる。

そんな極子の可憐な娘姿に刺激されたのであろうか、何と、ホスト役の伊藤博文が極子を一室へ連れ込んで思いを遂げようとした、というまことしやかな噂が立ったのである。

それは、仮装舞踏会から八日後の四月二十八日に、『東京日日新聞』『絵入自由新聞』『やまと新聞』『絵入朝野新聞』の四種の新聞に一斉に掲載された奇怪な記事がきっかけだった。四紙の記事内容はあまり変わらないので、出どころは一つらしい。うち、現在の『毎日新聞』の前身にあたる『東京日日新聞』紙の記事を引用してみよう。

仔細あり気な咄といふは両三日前の夜一人の車夫が虎ノ門内なる操車場の溝端にて客待したるに工科大学の時計台にて打つ時計は早や十二時なるも直《ね》を付て呉れる客すら無く是非なく宿へ立帰らんとする折柄永田町の方よりして由ある御家の令嬢とも見ゆる十六七の洋装出立もセキヽ馳せ来られしが、オヽ車か駿河台の屋敷まで早う連て往てたも代価は其上取らすと云ひも終らず飛び乗り玉ふ、其足を見れば靴も穿かれず靴下のままの跣足なり、車夫は心得一散に駆出して日比谷の門外まで来る時向ひより来る一輛の黒塗馬車、此車と行違ひざまに馭者は早くも此方を見つけ、オヤ姫様御一人でといふ下より此も洋装の立派なる女中が一人飛び出で、マア勿体ない只今お迎えに参る所をソレに何やら唯ならぬ御顔つき是には何かご様子が、オオ有とも有とも私しや飛だ目に逢ふたわいの何かの咄しは家に往てと矢庭に馬車に移り玉へば馭者は懐中より一円札一枚を手早く人力車に投やりて再び元来し道を指し馬に鞭忽ち其場を走せ去りたる跡にボンヤリ車夫は札を眺めながら己ア狐の嫁入でも乗せたのでは無いか知らん。

（明治二十年四月二十八日『東京日日新聞』）

現代文に直すと、以下のようになる。

何か込み入った事情のありそうな話というのは、(次のようなものだ。)二、三日前の夜、一人の人力車の車夫が虎の門内の操車場の側溝の脇で客待ちをしていたところ、工科大学の時計台の打つ鐘の音が夜中の十二時を告げても対価を払って乗ろうという客もないので、やむなく家に帰ろうとしていると、永田町の方角から由緒ある名家の令嬢らしき十六、七歳の洋装いでたちの女性が息を切らせてかけてきて、「おお、人力車ではありませんか。駿河台の屋敷まで早く連れて行ってくださいい。お代は屋敷に着いた上でお払いしますから」と言い終わらないうちにその人力車に飛び乗りなさった。(車夫が令嬢の)足元をみると、靴も履いておられず、靴下のままのはだしである。車夫は承知して一目散に車を曳いて駆け出し、日比谷の門外まで来ると、向こうから一輌の黒塗り馬車がやってきて、こちらの人力車とすれ違いざまに馬車の馭者がこちらを見つけ、「おや、お姫さま、お一人で」と言うそばから、これも洋装の格の高そうな女中が一人馬車から飛び出して「まあ、おそれおおいことです。只今、お迎えに伺うところでしたのに。それに何やら、ただごとでないお顔つきですね。これにはなにかわけがおありでしょうか」「おお、ありますとも、ありますとも。わたしはとんだめに遭いました。詳しい話は家に帰ってから」と、いきなり馬車に乗り移られたので、馭者は懐から一円札を一枚出して、素早く人力車に投げ与え、再び元来た道を目指し、馬に鞭を当てて走り去った。あとに残された車夫は、その一円札をぼんやりと眺めながら「おいらは狐の嫁入りでも乗せたのだろうか」

（と今の出来事を思った）。

この記事では、主役は既婚女性ではなく、十六、七歳くらいの令嬢とされている。『絵入自由新聞』では二十八歳と年齢は少し異なるが、その令嬢は首相官邸のある永田町の方角から靴下はだしのまま慌てふためいて駆けてきて、客待ちの人力車に飛び乗って「駿河台の屋敷まで」と指示し、日比谷まできたとき、自家から差し向けられた馬車と行き合ったので、急いでそちらに乗り移って帰っていった、という流れは同じだ。ただ、『絵入自由新聞』では迎えの女中の数を二名とし、一円札を人力車夫に払ったのが馭者ではなく、女中としているほどの違いである。

戸田極子（1888〈明治20〉年）
大垣市立図書館蔵

とんだ目にあった、と令嬢が迎えの女中に慨嘆しているので、何か不届きなことを「永田町」で仕掛けられたことが暗示されている。永田町の官邸の主は、名にし負う女性好きの伊藤博文である。そして、駿河台南甲賀町六番地には戸田伯爵邸があった。

当時の新聞は、話をぼかすために、人物設定をいくらか異ならせる筆法をよく用いる一方、実際の人名や地名をさりげなく随所に散りばめて、読み手にそれと悟らせる手法も得意だった。だから、多少の事情通には、これが伊藤博文と戸田極子のことと察せられるように、巧妙な誘導操作がなされていた。

うがった見方をすれば、主役を「貴族の夫人」とするとあまりにもあからさまなので、わざと「令嬢」に話を置き換えているのだ、と読み手が敏感に察してくれることまで計算ずくなのかもしれない。

そのあと、五月二日の『今日《こんにち》新聞』、五月五日の『めさまし新聞』（後の『東京朝日新聞』）には、先の一件とは別事件のようでもあり、内容の訂正のようでもある、より思わせぶりで煽情的な記事が出た。

強姦余聞　此ごろ飯田町辺の或る非職さんの処女が日本無類好色を以て有名なる危険大尽殿の為めに強姦されたと云ふ一条は早くもめさまし記者の耳の穴に入りたけれど実は少しく不明瞭なる報道もありかたぐ〳〵窃《ひそ》かに其等の景況を窺ひ居たるに彼の処女が父なる者は相手が名に負う大尽ゆゑ秘書官とも申すべき支配人より段々折入て謝辞を入るれど中々以て背容《ききいれ》ずまた十五歳の蕾の花を理不尽にも傷つけたるは以ての外也不埒千万の所業なりとて飽《あく》まで我を張て遂に和談ととのはず公然其筋へ持出すばかりなりの場合に臨み昨今或る〇〇院とやら云ふ寺院の長老が仲裁に迄入り破綻謝罪として処女の父を或地方の出店長に任じ尚また処女の療治料として金五千円也へ熨斗をつけて贈り之で泣寝入にさせる積りの由なるがまさか自分の処女を強姦され僅か五千円と出店の頭ぐらいでヨモヤ泣寝入も出来ないイヤ泣寝入にはならぬとやら

（『めさまし新聞』明治二十年五月五日）

あまりに品性低劣な文章なので、全文の現代語逐語訳は割愛するが、概略としては、「日本無類好色を以て有名なる危険大尽殿」が、ある「非職さん（現在ポストに就いていない休職中の官吏）」の娘を無理やり意に従わせて問題となり、五千円の見舞金、及び、その非職官吏に「或地方の出店長」の地位の提供を申し出て和解を図ろうとしているが、そんな程度で泣き寝入りするものだろうか、いや、そんなはずはない、という趣旨である。

内容のすべてが伝聞推量の域を出ず、固有名詞は悉くぼかされ、それでいて、あきらかに個人を誹謗中傷する意図に満ちている。さすがに『めさまし新聞』は即日発行停止命令を受け、七月一日にようやく再発刊を許されている。

先の報道の「永田町の方よりして由ある御家の令嬢とも見ゆる十六七の洋装出立」とは別の女性の話なのか、それとも、先の報道が間違っていて、その令嬢とは「飯田町辺のある非職さんの処女」のことであったのか、読者は混乱して口々に取沙汰し合ったので、無責任な風評は一層大きく広がった。

ところが、裏でどのような申し合わせがあったのか、六月二日の『朝野新聞』に、初めて伊藤と戸田伯爵令嬢、あるいは夫人の実名を出した上で、これまでの風聞は事実無根であったとする、いかにも作為的な火消し記事が出て、この一件はうやむやのまま終わった。

曰く、

蓋し世間の風説によれば伊藤伯の為めに無礼を加へられたものは駿河台南甲賀町なる旧大垣藩主伯爵戸田氏共氏の令嬢なりとか云へども戸田伯の令嬢は明治十年の出生にて今年僅に十一歳に過ぎざるのみならず現に学校へ通学中にて決して病床に就かれたることなく令夫人は夜会に出席せられたる伯と共に行き共に皈《かえ》られたれば仮り初めにも無礼を加へらる如きことある可《べか》らず。

（『朝野新聞』明治二十年六月二日）

現代文に直してみよう。

たしかに、世間の噂によれば、伊藤伯によって無礼なおこないを受けた者は、駿河台南甲賀町に住む旧大垣藩主伯爵戸田氏共氏の令嬢である、ということになっているが、戸田伯爵の令嬢は明治十年の生まれなので、今年まだ十一歳に過ぎない。そればかりではなく、現に毎日（元気に）学校に通っており、病床に就いていることもない。また、令夫人は夜会に出席した夫の戸田伯爵と常に行動を共にしておられたので、まかりまちがっても、無礼を加えられるといったことなどあるはずがない。

みずから火を放っておいて、高みの火事見物のあとは、頃合いをみて鎮火に走る。

その裏に、いかなる取引がおこなわれたのかは不明だが、まさに典型的な「マッチ・ポンプ」である。

結局、事実はどうであったのか。

先に引用した、戸田極子の孫徳川元子の回想録『遠いうた　七十五年覚え書』には、この一件がこんなふうに綴られている。

　好色の名の高かった伊藤博文は、三十歳という女盛りの美しい祖母に目をつけて、仮装舞踏会が催されたある晩、祖母を一室に誘い、狼藉に及ぼうとしたのでした。祖母は驚いて開いていた窓から飛び降り、はだしのまま庭を駆け抜けて、辻待ちの人力車で逃げ帰ったそうです。この話は醜聞として有名になり、祖母はその生涯大迷惑を蒙りました。〔略〕仮装舞踏会での博文の祖母に対する非行は非難の的になり、この事件の翌年、祖母が祖父のオーストリヤ（原文のママ）出向に従って海外へ出たのも、事件に関係があったかのように世間に流布されてしまったのでした。

　鹿鳴館はこれがきっかけになってさびれることになったのですが、醜聞がいつまでも残ったのは、祖母にとってたいへん気の毒なことだったと思います。私の見た祖母は、美しいひとではありましたが、理性的な真面目なひとで、修身斉家が美徳とされていた当時でも、その点で内外に評判が高かったのです。

徳川元子の回想する祖母極子

徳川元子は、田安徳川家第十代徳川達成《さとなり》（一七九九―一八六二）の妻で、第十一代当主徳川宗英《むねふさ》（一九二九―）の母堂である。戸田氏共、極子夫妻の次女米子の次女として生まれた元子は、少女時代に実母米子と死別し、姉の愛子ともども祖父の氏共邸に引き取られて、祖母極子の厳しくも温かなしつけのもとに育った。

徳川元子（右から2人目）とそのきょうだい
（1923〈大正12〉年3月）（提供：徳川宗英）

祖母極子は、母親を早くに亡くした孫娘たちを不憫に思い大きな愛情で包みつつも、亡き娘から預かった大切な孫娘たちの将来を思い、謹厳な家庭教育を施した。広大な戸田邸にどれほど多くの使用人が侍ろうとも、「あなた方が雇っているのではありませんから」と言って、身の回りのことに人手を借りてはならぬと戒めた。

「休日には、自分の部屋の掃除、下着の洗濯を必ずさせられました。祖母の目の前で、浴衣を一日で縫わされたこともあります。縁側の拭掃除は、雑巾を両手で押さえて、腰をあげて走るやり方でした。食事の行儀もさることながら、好き嫌いは一切いわせないばかりか、箸をつけないものがあると、何日でもそれを無理に食べさせられました。祖母自身も、自室の棚の拭掃除や中庭の掃除など七十六歳で脳溢血に倒れるまで毎日怠りませんでした」

「鹿鳴館の華」ともてはやされた、華麗な伯爵夫人のイメージからほど遠い、質素で勤勉な生活人、極子がここにいる。夫の氏共のほうは、生涯、殿様として忠義な家来たちに盛り立てられ、大正十年頃の毎月の小遣いが千円（米価基準換算で現在の約八十―百万円）というくらい贅沢いっぱいに過ごした人であったが、妻の極子の生活はまるで違っていた。

「贅沢は祖父ひとりのもので、祖母は倹《つま》しい生活をしていました。自分の着物などを買ったりするのを私は一度も見たことはなく、祖父の着物を仕立て直して着ていたくらいです」

その頃のこと、元子は、屋敷の土蔵の横手の一室に、ほかの女中たちの仲間に入らずひっそりと日陰の花のような日常を送っている一人の小間使いの存在に気づいて心を惹かれ、時折、その小間使いの部屋へ遊びにいくようになった。やすと呼ばれるその小間使いがどうして一人寂しく仲間とは別に起居しているのか、何とはなしに本人に聞いてはいけないように感じた元子は、ある日、自分のおつきの女中にそっと尋ねる。以下の会話文も、徳川元子の『遠いうた　七十五年覚え書』からの引用である。

「やすはどうしてあんなお部屋にひとりでいるの」

「やすはおじじさまのおつきで、おじじさまのお世話をするひとでございますから」
「でもなぜ皆と別にいるの」
「やすは特別なお手当てをいただいて、おじじさまのお目覚めからお風呂あげから、夜のおしずまる（就寝する）までお世話をする役目なんでございますから」

元子はなおも釈然としない気持ちであったが、のちにその意味するところを悟る。

しかも、このやすが健康を害して川崎の親元へ帰ると、今度は、元子と同い年の十五歳のその妹が同じ部屋に入って姉の後任となり、元子を驚かせた。姉妹の家は父親が早くに亡くなり、母親が海岸で海藻や貝を拾ったり、近所の梨畑の手伝いにいったりして細々と生計を立てている貧家で、娘たちを相次いでこのような非人道的な奉公に出さなければ口を糊することができないのだった。彼女らの役目が祖父の夜伽であることを理解した元子は、「犠牲になる娘たちが哀れで」自分と同年のその娘の顔をまともにみることができなかったという。

大正の終わりから昭和の初めにかけての話だが、旧大名家や古い家柄の武家、あるいは町家でも、こうした旧態依然とした、その家の当主と、特別な関係を結んで当主に仕える女性奉公人との在り方は疑問視もされずに温存されていたのだ。中には、それに異を唱え、みずからの権利を主張してそのような女性奉公人の存在を認めない妻もあったかもしれないが、元子の祖母極子はそうではなく、一つ屋根の下に夫の寵を受ける奉公人が暮らす現実を、黙って受け容れている女性だった。

鹿鳴館時代、幕をおろす

ここに語られる極子の人柄から推して、明治二十年の仮装舞踏会の夜の事件は実際に起きたことであったとしても、完全に伊藤の一方的な狼藉であって、極子がかりそめにも伊藤に好意を感じたわけでもなければ、伊藤の力に屈して、その意を遂げさせてしまったわけでもないと言ってよい。聡明な極子は突然の災難に機敏に対処して、伊藤の毒牙から身を守り切ったとみるべきである。

ただ、いつの世にもゴシップ好きはいるもので、世論をいたずらに煽ろうとする新聞記事の波紋は大きく、何の罪科のない、どころか、被害者である極子のほうがむしろ世間の好奇の目に晒されてしまった。伊藤の放縦な女性関係はつとに名高く、このほかにも多くの艶聞があったから、彼にとってこの一件はそれらのほんの一つに過ぎず、世間も「またか」とあまり驚かない。それに、何といっても明治は男性社会である。加害者伊藤の名誉がそれほど傷つくこともなかった。それに引き換え、極子の受けた被害は、現代からは想像もつかないほど甚大であった。

この夜の舞台は鹿鳴館ではなく首相官邸ではあったが、これも鹿鳴館舞踏会と同じ路線の退廃行事の一つと見做され、外務大臣井上への風当たりは俄かに激しくなった。

その風当たりのさなかの五月四日、極子の夫の戸田氏共伯爵は、奏任官四等の公使館参事官から、勅任官二等の弁理公使に特進した。続いて六月四日付で、勅任官一等に昇進し、オーストリア＝ハンガリーの第八代特命全権公使に任命された。さらに、同月二十八日には、スイス公使兼任も命じられている。

これは栄転といえる人事である。そのため、内田魯庵が『四十年前』（大正十四年）に「風説の女主人公たる貴夫人の夫君が一足飛びの栄職に就いた」と書いたように、氏共の特命全権公使抜擢は仮装舞踏会事件への慰謝であるかのように世間は取沙汰した。たしかに、この人事は事件と無関係ではなかったろうが、あらゆる状況証拠は極子の潔白を示しているので、世間の勘ぐるような意味ではなく、渦中の夫妻をしばらく海外へ逃れさせる含みであったとみられる。

また、海外経験が長く、社交や語学に堪能な戸田氏共本人が公使にふさわしい人材と見做されたことも、この人事の理由の一つであったに違いない。

こうして、仮装舞踏会事件は一応の幕引きが図られたが、こうした社交行事の本来の目的である、不平等条約改正の成果は一向にあがらなかった。

それどころか、ちょうどその頃、井上が練っていた改正案に外国人判事の登用が盛り込まれていたことが世間に知れわたると、轟々たる非難の嵐が巻き起こる。閣僚間でも井上毅《こわし》（一八四三―一八九五）や谷干城《たてき》（一八三七―一九一一）らがこの案に猛反対を唱え、内閣分裂の危機に瀕する。こうなっては、さすがの井上ももはや持ちこたえることはできず、九月十七日、ついに外相を辞任した。

井上馨の失脚に伴って、「鹿鳴館」を舞台とする外交行事にも終止符が打たれ、彼の苦心になる鹿鳴館時代は短い歴史に幕をおろすことになった。「鹿鳴館」は明治二十三年に宮内省に払い下げられ、その一部が華族会館として利用されたのち、土地と建物全体が華族会館に払い下げられた。昭和に入ってから、敷地は生命保険会社に売却される。建物はしばらくの間残っていたが、昭和十五年に解体の運命を迎えている。

十八万円の巨費を投じて建てられた「鹿鳴館」が外務省の接待施設であった歳月はわずか七年、実働期間はさらに短く、たった三年半ほどであった。

第六章　間奏曲

エドゥアルト・レメーニ

　のちにこの時代を振り返ってみれば、「鹿鳴館」はまさに歴史の仇花であったかもしれないが、芸術文化に貢献した一面もなかったわけではない。

　例えば、日本の洋楽受容史という観点からみれば、一つの歴史的演奏会がこの短命な日々のうちに、「鹿鳴館」で開催されていたことが注目される。

　その演奏会とは、本書のプロローグで言及した、明治十九（一八八六）年夏に来日したハンガリー生まれのヴァイオリニスト、エドゥアルト・レメーニ（Eduard Remenyi：一八三〇―九八）の東京公演である。

レメーニはこのとき、中国、南アフリカなどを目的地とする大規模な演奏旅行の途上、日本にも立ち寄ったもので、ピアニストのイシドール・ラクストーン（一八六一―一九四一）とソプラノ歌手のルイザ・マルケッティ（生没年不明）が同行していた。

七月末に神戸に上陸したレメーニは、まず、同地の居留地劇場で二回の演奏会を開いた。二回とも、足を運んだのは居留地に住む外国人ばかりで、残念ながら日本人聴衆の姿はなく、入場料もドル建てであった。

次いで、レメーニ一行は神戸港から近江丸に乗船して横浜に移り、八月四日、五日、七日、九日と横浜のパブリック・ホールで四回の演奏会を開いた。

安政六（一八五九）年の開港以来、居留外国人が目覚ましい増加をみせていた横浜では、早くも文久三（一八六三）年九月二十六日、及び十月二十三日、二十八日に、ロビオ（Robbio）というヴァイオリニストが演奏会を開いた記録がある。二年後の慶応元年にもフランスのチェリスト、アレックス・デヴァシェの演奏会も開かれていた。ただし、それらはあくまでも外国人居留者向けの催しであって、日本人聴衆を対象としていなかった。

明治十九年になってもその状況はさして変わっておらず、このレメーニの横浜公演も、神戸と同様、日本人聴衆の姿はほとんどみられなかったようだ。

それに比べると、八月十日に「鹿鳴館」で開かれた東京公演は、その門戸が日本の一般人に向けても開かれていた、という点で画期的だったといってよい。

まず、同年八月八日の『東京日日新聞』には、次のような前記事が載った。新聞に前記事を書かせたということはあきらかに、一般日本人に鑑賞を呼び掛けているわけである。

レメーニ氏の奏楽

本日の我紙上に広告する如くレメンニー《(マ マ)》氏は来る十日の夜を以て其絶技の奏楽を鹿鳴館にて行ふべし此人は欧州にて目下第一の妙手なりと称賛せらるる名誉の伶人にて大英国女皇陛下並に墺国皇帝陛下の特別伶人に挙られて其栄誉を知られ胡弓（ワイオリン）に尤も得意の技なりと云へり今度東遊の序を以て我国に立寄たるに付き此程より横浜にて両度ほど其技を行ひたるに横浜の外人は皆その妙なるに驚き入りて嘖々《さくさく》（好評）たり去れば欧州楽士の妙技を聴かんと思ふ方々は宜しく同夜を以て一聴を試みらるへし必らず耳を驚かすの妙あるへし切手等の手続は広告に詳なり。

（『東京日日新聞』明治十九年八月八日）

現代文では次のような意味となる。

本日の小紙に広告するように、レメーニ氏は来る十日夜、その高度な技巧による演奏を鹿鳴館でおこなうことになっている。同氏は現在ヨーロッパで第一級と称賛されている名誉の演奏家で、イギリス女王陛下並びにオーストリア皇帝陛下の宮廷ヴァイオリニストとしてその栄誉を知られている。ヴァイオリンをもっとも得意とし、このほどアジア演奏旅行の途上わが国に立ち寄り、横浜で二度ほど演奏会を開いたところ、横浜在住の外国人はみな、その妙技に驚いて大好評であった。ヨーロッパの一流演奏家の妙技を聴こうと思う方々は同夜来聴されれば必ず驚かれることだろう。入場券の入手方法などについては広告に詳しい。

そしてその二日後の同月十日には広告が掲載された。その入場料に関する部分を引用する。

席料は一人に付
特別席　金弐円
通常席　金壱円

右の聴楽切手は九日十日の両日間は日報社に於て売捌く可《べ》し尤も同夜鹿鳴館の門番所にても売捌くへし開場は同夜午後七時三十分にて八時に奏楽を始むべし。

当時は、大工の月収が全国平均で五円四十銭、小学校教員の初任給が月八円、上級公務員の月俸が五十円、総理大臣の月俸が八百円という時代であったから、残念ながら、特別席二円、通常席一円の席料では、一般大衆がおいそれと足を運ぶわけにはいかなかった。

それでも、新聞社には招待券が配られたのであろう、記者が取材に出掛けていって、八月十二日付けの『東京日日新聞』に演奏会の批評記事を載せた。

それによれば、開場時間は午後七時三十分、開演時間は八時、聴衆は約三百人で大多数が外国人。その理由として「日本人の少なかりしは未だ洋楽の耳に適するに至らざるが故なるべし」と書かれている。

ラクストーンのピアノ演奏については、「洋琴の奏楽にて其妙なる実に聴衆の感嘆を博したり」と評され、レメーニのヴァイオリンに関しては「レメンニ《（ママ）》ー氏は胡弓を携て出席し拍手喝采の中に会釈したり其人は中年を越えたる年輩にて頭は半禿げ眼光鋭くして一見して其技芸の達人たる容貌を備へたりリュクストーン氏のピアノに合奏して絶技のワイオリンを奏したるに序破急の調子の妙なる聴くものをして茫然たらしむに及へり……」と記されている。

要するに、『東京日日新聞』の記者自身、生まれて初めてヴァイオリンなる西洋楽器の演奏を耳にして、ただただ目を瞠るばかり。レメーニの容貌を「中年を越えたる年輩にて頭は半禿げ眼光鋭く」と描写はできても、演奏に関しては「絶技のワイオリンを奏したるに序破急の調子の妙なる」と表現するのが精一杯だった。ただし、「序破急の調子の妙なる」という表現を用いたのはお手柄だった。具体的な曲目の表記はないものの、演奏曲目の中に、三部構成の曲があったことがわかるからである。

幸い、横浜の英字新聞『ザ・ジャパン・ウィークリー・メール』の記事ではレメーニの演奏曲に触れている。それによると彼は、ベートーヴェンの『クロイツェル・ソナタ』、パガニーニの『カプリス』、自作の『ハンガリアン・メロディー』、みずから編曲したシューベルトの『アヴェ・マリア』、ショパンの『ノクターン』などを弾いたという。

したがって、『東京日日新聞』の記者が「序破急の調子の妙なる」と表現したのは、クロイツェル・ソナタのことであったと推定できる。

ブラームスとレメーニ

このエドゥアルト・レメーニとヨハネス・ブラームスとの縁とは、次のようなものだ。

レメーニは十二歳でウィーン音楽院に入学し、同じハンガリー出身の初の国際的ヴァイオリニスト、ヨーゼフ・ベーム（一七九五―一八七六）のクラスに学んだ。ベーム門下には、十九世紀ドイツを代表するヴァイオリニスト、ヨーゼフ・ヨアヒム（一八三一―一九〇七）、パガニーニばりの超絶技巧で知られたモラヴィア出身のハインリヒ・ヴィルヘルム・エルンスト（一八一四―六五）、のちに母校の教授となるヨーゼフ・ヘルメスベルガー一世（一八二八―九三）らがいる。

その後、ハンガリー独立運動に加わったレメーニは、蜂起に失敗してオーストリア政府指名手配のお尋ね者となり、アメリカで亡命生活を送る。その指名手配がようやく解け、ヨーロッパに戻ったのは一八五三年のことだった。

晴れてヨーロッパ楽壇に復帰できた彼は、その手始めとして、ドイツ各地を回る演奏旅行を計画する。となれば、必要なのは腕の立つピアノ伴奏者だった。

ドイツの北の玄関口ハンブルクに、小さな町楽団のコントラバス奏者の息子として生まれたヨハネス・ブラームスは、少年時代から船員相手の酒場やダンスホールでピアノ弾きのアルバイトをして家計を助けたほどのピアノの名手だった。ハンブルクでブラームスと知り合ったレメーニは、その腕を見込み、演奏旅行の伴奏ピアニストを依頼する。一八五三年四月十九日、二人はハンブルクを発った。

ヴィンゼンでの演奏会を無事に終え、ツェレの町まできたとき、演奏会場のピアノを試し弾きしてみると、何と全体に半音低く調律されている。だからといって、ヴァイオリンの調弦を半音下げては音色を損なってしまう。調律し直してもらう時間はない。

レメーニは青くなったが、ブラームスはまったく動じることなく、楽譜を譜面台に載せてそれをみながら曲全体を半音移調して、そのピアノで見事に伴奏してのけた。つまり、目で追う楽譜を、手は半音高い調に移して弾いたのである。演奏曲目の中には、ベートーヴェンのハ短調ソナタも含まれていたというから、彼のピアノ演奏能力がどれほど高次元のものだったかがよくわかる。

こうして各地で演奏会を開きながら、五月下旬にハノーファーに到着すると、レメーニはブラームスを連れてここの宮廷楽団のコンサート・マスター、ヨーゼフ・ヨアヒムのもとを訪ねた。レメーニとヨアヒムは、ウィーン音楽院の同窓生だったから、演奏会開催の助力を請うたのである。ブラームスはヨアヒムとはこれが初対面だった。二人は互いに尊敬できるものを感じたようだ。

ヨアヒムは助力を約束してくれたが、レメーニの革命思想が問題となって、この地で演奏会を開くことはできなかった。しかし、ブラームスにとっては、ここでヨアヒムと知り合えたことは僥倖だった。二人がハノーファーを去るとき、ヨアヒムはブラームスにこう言ったのである。

「何か困ったことが起きたら、必ず、僕に連絡をくれたまえ」

次いで二人はヴァイマールに、ピアノ界の巨匠フランツ・リスト（一八一一―一八八六）を訪ねた。すでに第一線の演奏活動から引退し宮廷楽長としてワイマールに定住していたリストのもとには、ヨーロッパ各地から若い音楽家たちが押し寄せていた。面倒見のよいリストは彼らを快く迎え、レッスン料などとらずに快く演奏を聴いて助言を与え、世に出る便宜を図ってやることも多かった。それを知るレメーニは、自分もぜひ、リストの後援を得たいと切望していた。

幸い、レメーニはリストの好意を獲得することができ、明るい未来がみえかけてきた。

ところが、ブラームスのほうは、偶像化されたリストを頂点に戴く、ワイマール音楽界独特の上流サロン的雰囲気に馴染むことができず、音楽観からいっても、詩的イメージの表現のために音楽が奉仕すべき、というリストの基本理念や、外面的演奏効果優先の華美な表現様式とは相容れないものを感じるのだった。

リストはブラームスの才を見抜いて、当初は好意を寄せ、後援を惜しまないつもりだったが、ブラームスが彼の作品に共感を持てないでいることに気づくと、リストの気持ちは冷めていく。

一説には、リストが自作を弾いて聴かせているときに、ブラームスが居眠りをして大御所の不興を買ったともいわれるが、これは作り話であろう。

ともあれ、リストがブラームスによい感情を持たないのをみてとったレメーニは、自分までリストの寵を失うことを恐れて、ブラームスに、コンビの解消を宣言する。

「わたしはしばらくここに滞在することにした。君は、どこへでも好きなところへ行ってくれて構わない。これまでのギャラは払うよ」

かくして、人生経験も懐具合も乏しい二十歳の若者は、旅の空でいきなり路頭に放り出されてしまった。

この先、どうしたものか。途方に暮れた彼は、ハノーファーで心強い言葉をかけてくれたヨアヒムを思い出し、彼に手紙を書いたところ、ヨアヒムは夏の休暇を過ごしていたゲッティンゲンにブラームスを招き、二か月間、この懐中の寂しい友の面倒をみてくれた。一緒に演奏会も開いてくれたので、多少の旅費もできた。

秋になり、ブラームスがゲッティンゲンを離れるとき、ヨアヒムは言った。

「デュッセルドルフのロベルト・シューマン先生を訪ねるといい。シューマン先生なら、君の音楽をわかってくれるに違いない」

実はブラームスもシューマンの音楽に惹かれ、密かにシューマンを尊敬していた。だが、三年ほど前に、シューマンが演奏旅行でハンブルクに立ち寄ったとき、ホテルの部屋のドアの前に自作を置いてきたのに、未開封のまま返送された経験があったため、訪問を躊躇する。

旅先のことで、未知の青年が置いていった包みを開封する時間のなかったシューマンは、大切なものを紛失してはいけないとの配慮から送り返してくれたのである。コピーなどとれない当時は、誰かに作品をみてもらいたければ、手書きでもう一部つくるのでなければ、自筆譜をそのまま託するしかない。だから、誰かに預けた自筆譜がそのまま紛失されてしまう事件が時々起こった。それを知るシューマンが返送してくれたのは善意からであったが、内気なブラームスは落胆し、傷ついてしまう。

このことがあったため、彼はすぐにデュッセルドルフへ足を向ける気にはなれなかった。しかし、ライン地方を旅するうち、他の二人の音楽家からも異口同音にシューマン訪問を勧められ、ついにデュッセルドルフのシューマン家の呼び鈴を押したときから、彼の未来は開けていく。それが、この一八五三年のブラームスの足跡である。


レメーニとの演奏旅行はこのような顚末に終わったが、実はこの旅行では大きな収穫もあった。それは、レメーニの演奏するハンガリーのロマ民族の音楽を多数聴き覚えたことだった。それらを、ハンガリー伝来の民族音楽と認識したブラームスは、その後も折に触れては採譜しておき、それらをもとに、ピアノ連弾版として一八六九年に第一集と第二集、一八八〇年に第三集、第四集の計二十一曲からなる『ハンガリー舞曲集』を出版して爆発的な成功を収めることになる。

ところが、それを知ったレメーニは、旋律の盗用として裁判を起こす。幸い、何事にも慎重なブラームスはこの舞曲集を、自身のオリジナルとしてではなく、編曲集として出版していたために裁判に勝つことができた。

ブラームスとレメーニとの関わり合いはおよそこのようなものであるが、ここではブラームスが、異国の民族音楽に格別の関心を持ち、それを何らかの形で表現したいという創作希求を抱いていたことを指摘しておきたい。


レメーニが来日したこの明治十九（一八八六）年は、ブラームスとの演奏旅行から三十三年ものちのことである。ブラームスは、かつての共演者レメーニが、遠くアジアの果ての日本まで演奏旅行に出掛けたことをどう思ったのだろうか。もしかしたら、もう付き合いのないレメーニの日本訪問など知らなかったかもしれない。

だが、歴史の不思議な赤い糸は、この二年後に、思いがけなくもブラームスと日本との縁をつなぐことになる。

第七章　戸田伯爵夫妻ウィーンへ

船酔いに悩まされ、言葉に苦闘

前任者西園寺公望《さいおんじきんもち》のあとを受けてオーストリア＝ハンガリー全権公使に任命された戸田氏共伯爵が日本を発ったのは、明治二十（一八八七）年十月八日のことだった。任命されたのが六月二十九日であるから、それから三か月ほどの短期間に、公私にわたる渡航準備を整えるのはさぞ慌ただしかったことであろう。子ども四人を抱えた極子の苦労が偲ばれる。

同日午前三時に横浜港を出港するフランス客船アナディール（Anadyr）号、二千四百八十九トンに氏共と共に乗船したのは、妻の極子、十歳の長女孝子、九歳の長男氏徳、八歳の次女米子、六歳の三女幸子の家族五人と、秘書として旧大垣藩士の岸小三郎、侍女として、やはり藩士の柘植《つげ》四郎の長女、柘植銈《けい》の総勢八名であった。

一行は上海に着くと、サガレリカ号に乗り換えとなった。ここからが本格的な航海である。マラッカ海峡を経てインド洋を横切り、紅海からスエズ運河を抜けて地中海に出て、南仏のマルセイユに至る一か月半近い船旅は海の荒れる日も多く、平穏ではない道中であった。

極子が孫の徳川元子に語った回想によれば、渡航中には船酔いに悩まされながらも、毎晩、船室の廊下を這うようにして四人の子どもたちの船室を回り、彼らのすこやかな寝顔を確認するのを日課としていたという。

一か月半近い船旅を経て、戸田一家がようやく到着した一八八七年も末に近いウィーン。

このオーストリア゠ハンガリー二重帝国の首都は、在位四十年になろうとするフランツ・ヨーゼフ帝を戴いて、さまざまなひずみを抱えながらも、ハプスブルク文化の爛熟期を迎えていた。美術界では、グスタフ・クリムトやコロマン・モーザーが活躍し、音楽界には、ヨハン・シュトラウス二世、アントン・ブルックナー、ヨハネス・ブラームス、フーゴー・ヴォルフらが健在だった。

フランツ・ヨーゼフ帝の皇后は美貌で知られたエリーザベト。皇帝夫妻の間の一人息子ルドルフ皇太子は保守的な父との対立を深めつつあり、一八八一年にベルギー王室から迎えたステファニー皇太子妃との夫婦仲もすでに破綻していて、この一年余りのちに、十七歳の男爵令嬢マリー・ヴェッツツラと謎の心中を遂げることになる。

そんなハプスブルク文化の残照期を戸田伯爵一家は体験する。

戸田伯爵夫妻は十二月の十二日に王宮に伺候し、皇帝夫妻に謁見した。

この日から、氏共の公務が始まった。その第一の課題は、明治二年に結ばれた日墺修好通商航海条約の改正に向けて、ウィーン社交界に日本の先進国性をアピールすることであったから、公務には妻の協力が欠かせない。外交の一翼を担う極子がもっとも苦労したのは、やはり言葉の問題であった。

ウィーンの日常用語としてはドイツ語が用いられているので、現地雇用の使用人との会話や市中での買い物などに際しては、ドイツ語を使用する。

一方、外交用語は、他の多くの国々と同じくフランス語である。オーストリア宮廷で催される公式行事を始め、各国大使館のパーティー、さらに、日本の公使館に客を招いて戸田夫妻が主催するパーティーなどでは、フランス語会話が求められる。この二つの言語を覚えなければならない状況はもっとも極子を苦しめた。当初は泣きたくなるほどであった。

実はウィーン到着後まもない、その年の十二月十三日付の伊藤博文に宛てた戸田氏共の私的な書簡が残されている。一部判読不能だが、その最後の部分を引用する。

> 愚妻交際の儀当年×××××（判読不明）を見、且つ少しく語学も致し、然る後始め候方却××××（同）処、当地にて段々論も有之、遂に当年より出る事×××××（同）昨今諸公使夫人等へ　尋問中に御座候。語学も意の如くならず当人も実に閉口致居候。先は安着ご案内申

上度如此御座候。

十二月十三日

草々頓首

戸田氏共

伊藤博文殿

言葉を補いながら、現代語訳を試みる。

妻の外国人との交際についてですが、今年すでに××歳になり、また、これまでにいくらか語学の勉強もしてまいりまして、伊藤さまやみなさまもかえってお気遣いくださって何とかしのいでまいりましたし、外国語は現地へ行ってだんだんに習得すればよいであろうとおっしゃってくださる方もあられました。今年、いよいよ海外へ出ることになりまして、このところは、お仲間の公使夫人方のところへご挨拶まわりさせていただいております。しかしながら、語学が思うようになりませんので、本人はたいへんまいっております。でも、まずは、こちらに無事に着きましたことをご報告申し上げます。

もしも、あの首相官邸の仮装舞踏会の夜に、伊藤と極子が合意の上で親しい時間を持ったのであれば、その夫である氏共が妻の当の相手である伊藤に対して、このようなフランクな書簡を書くはずがない。

ともあれ、言葉の壁の払拭は緊急課題であったから、公使館ではオーストリア人教師を雇い入れ、伯爵一家と使用人たちにドイツ語やマナーを特訓してもらった。

英語に堪能だった氏共はドイツ語の習得も早かったようだが、鹿鳴館時代に社交英語を学んだとはいえ、海外生活はこれが初めての極子がどれほど苦労したか、「当人も実に閉口致居候」という表現からよく伝わってくる。

ドイツ語日記をつけていた侍女・柘植銈

そんな氏共、極子夫妻をよく補佐したのが、日本から随行した秘書の岸小三郎と侍女の柘植銈だった。

岸小三郎は、教育熱心な大垣藩の旧藩士だけあって、日本にいたときから和漢の書に親しむと共に語学も学んでいた。頭脳明晰で事務処理能力も極めて高く、氏共の公務を円滑に進行させつつ、ウィーン大学でドイツ法を学んで博士号まで取得したほどの秀才であった。

主人一家の帰国時には、氏共から改めて学費を支給されてベルリン大学に移り、さらにドイツ法を究め、帰国後の後半生は東京で弁護士を開業している。「観欄」の号を用いて、漢詩もよくしたのが、この岸小三郎であった。

一方、極子の手助け役と子どもたちの学び相手を務めた柘植銈も、非常に聡明な女性であった。当時まだ十代であった彼女は、世紀末のウィーンで日々新しい事物に遭遇してそれらに必死に対応しながら、積極的にドイツ語を習得して、滞欧三年間にわたるドイツ語日記を書き残した。まだ、海外渡航する日本人のめずらしかったこの時代に、留学生としてならいざ知らず、オーストリア公使に任命された主人に侍女として同行する巡り合わせとなったことから、ドイツ語を身に着け、この言葉を用いて日記までつけていた若い女性がいた。

この事実に、少なからず感動した筆者は、彼女がその後どう生きたかを知りたくて、調査を続けたところ、西美濃地方の郷土史文献に、「柘植宗三」という執筆者の名前を見出した。

この柘植氏は、もしかしたら、柘植銈のゆかりの方ではないか。

そこで、その一筋の細い糸を心細く手繰るうち、柘植宗三氏は故人となっておられることを知ったが、同氏の長女、関晶子さんに連絡をとることができた。

大垣へ出掛けて晶子さんにお会いできたのは、二〇一九年九月二十六日だった。大垣駅で待ち合わせる。初対面の晶子さんは、ほっそりとした華奢な体つきの、やさしい雰囲気をまとった女性だった。

「銈さんのことを聞かれたのは初めてです。柘植潮音のことなら、時々、問い合わせがありますけれども」

「とおっしゃいますと？」

「鉒さんの、年の離れた弟が、正岡子規門下の俳人、柘植潮音です。潮音の息子が、わたしの父の柘植宗三なんです」

「ああ、そういうご関係なのですね。柘植潮音のお名前は聞いたことがあります。すると、鉒さんは俳人・柘植潮音の姉で、晶子さんにとっては、大伯母さまということになりますね」

「はい、でも、もちろん会ったこともありません。わたしは、祖父の潮音にさえも会っていません。鉒さんと潮音の姉弟は、大垣藩の藩老、小原鉄心の娘のふじが、柘植四郎という藩士と結婚して生まれた子どもたちです」

「えっ、柘植鉒さんは、小原鉄心の孫だったのですか！」

第二章に詳述したように、大垣藩の藩老・小原鉄心は、幕末の危急存亡時に同藩を佐幕派から勤王派に転じさせて藩を救ったばかりか、赤貧に泣く公家の岩倉家を援助してその娘の極子を主君の妻に迎えた、藩と戸田家にとっての大功労者である。

柘植鉒　（提供：関晶子）

これを聞いて、氏共夫妻がウィーン赴任に際し、多くの藩士の子女の中から、なぜ柘植鉒を抜擢したのかを理解でき、また、鉒のひたむきな学びの精神と賢さが、祖父の鉄心譲りのものであったのかと、腑に落ちる思いがした。晶子さんは続けられた。

「姉の鉒さんは大垣生まれですが、弟の潮音は東京の戸田氏共邸で生まれました」

広大な戸田邸では、旧藩時代の大垣城内さながらに、旧藩主と旧藩士たちの、大家族に似た温かな主従関係が営まれていたのである。

そうだ、日記のことをうかがってみよう。

「鍈さんのつけていたという、ドイツ語日記は、焼失したと、記録にありましたが」

「はい、あれは、ずーっと柘植家に伝わっていたのですが、第二次大戦末期の大垣空襲で、焼けたそうです」

大垣もアメリカ軍の空襲被害を受けていたのである。

「ああ、そうでしたか。なんて残念なことでしょう。今に伝わっていたら、たいへんな史料価値があったでしょうに。もしかしたら、ブラームスのことも書かれていたかも知れませんものね。それで、鍈さんご自身は、オーストリアから帰国後、どうなさったのですか」

「氏共公と極子奥様にとても可愛がられていたとかで、帰国後まもなく、ご夫妻の眼鏡に叶ったお役人の方と縁談が調い、鍈さん本人もお相手を気に入っていたそうですのに、結婚を目前にして、肺炎で亡くなったということです。二十六歳だったそうです。わたしの祖父の潮音が、まだ三歳くらいのときだったと聞いています」

「ええっ、そんなご短命だったのですね。お気の毒に。才女でいらしたのに」

「そのようですね。その両親、つまり、わたしの高祖父と高祖母にあたる、鍈さんの両親にとっても、自慢の娘だったそうです」

この貴重な話を語ってくださった晶子さんの穏やかなお顔に、大伯母の鍈さんのイメージが重なってきて、感無量な大垣の一夜だった。

ディットリヒを日本へ送った戸田伯爵

一八八八年三月、ウィーンの戸田公使のもとに、日本の外務省から、一通の公文照会依頼が届いた。

「東京音楽学校で教える優秀な音楽家を斡旋してほしい」

日本では明治十二(一八七九)年に発足したわが国初の洋楽教育機関、音楽取調掛に、翌年アメリカからベテラン音楽教育家のルーサー・ホワイティング・メーソン(Luther Whiting Mason:一八一八―一九六)を招いて洋楽の指導にあたってもらい、前述したアメリカ帰りの永井繁子や初期伝習人のうちの優秀な者がその助手を務める形で、当初の洋楽教育を実践してきた。

しかし、一八八二年にメーソンが帰国したあとは、正規の外国人教師が不在となった。やむなく、陸軍軍楽隊長として来日していたドイツ人フランツ・エッケルト(Franz Eckert:一八五二―一九一六)やオランダ人のアマチュア音楽家ギョーム・ソーブレー(Guillaume Sauvlet:一八四三―?)を教壇に招じて何とか凌いできたが、本格的な音楽専門校、東京音楽学校への昇格話が具体化してくると、外国人音楽家の招聘が急務となった。

関係者が最初に目を付けたのは、クラシック音楽発祥の地イタリアだった。そこで、ローマに駐在する田中不二麿公使に、この任にふさわしい音楽家を斡旋するよう公文照会依頼を送ったが、田中は適材を見出すことができなかったとみえて、梨のつぶてに終わる。もしもこのとき、イタリア人音楽家がみつかっていたとすれば、それはオペラ、声楽関係者である可能性が高い。そうなると、日本のクラシック音楽受容は、歴史の示すようなドイツ系器楽中心ではなく、また別の方向に進んでいったものと思われる。

ともあれ、イタリア人音楽家の招聘話は実らないうちに、音楽取調掛は一時期、音楽取調所に名称変更されたのち、明治二十（一八八七）年十月に、東京音楽学校に格上げされていたのである。官立唯一の音楽学校としての箔も付け、何よりもレベル・アップを図るためにぜひとも必要なのは、優れた外国人教師である。イタリアから人材を得られなかった政府関係者は次に、楽都ウィーンに目をつけたのだった。

戸田公使はさっそくウィーン音楽院へ足を運び、ヴァイオリン科の教授を務めるヨーゼフ・ヘルメスベルガー二世（一八五五―一九〇七）と、その父親で院長のヨーゼフ・ヘルメスベルガー一世にこの件を相談した。

「どなたか、日本へ行ってくださる音楽家をご推挙いただけませんでしょうか？　文部省雇用外国人教授として、最高の待遇をお約束します」

「ふむ、期間は？」

「一応、三年ですが、延長を妨げません。それから、授業はドイツ語ではなく英語でお願いしたいので、ある程度の英語のできる方が望ましいのです。もちろん、音楽家としてこちらでも第一級の実力のある方で、かつ、人格高尚な方を希望いたします」

戸田公使の提示した具体的な勤務条件と支給額は次のようなものであった。


まず、招聘期間は一八八八年十一月一日から一八九一年九月一日までの二年十か月間。東京音楽学校の技術監督者として、ヴァイオリン、和声学、作曲法、唱歌の授業を担当するが、一日五時間以上授業する義務はない。旅費として、ウィーン、東京間の二名分の旅費として千三百円が支給され、帰国時にもこれと同額が保証される。俸給は月額三百五十円。これは年額にすると四千二百円である。別に、家賃として月額三十円も支給される。ただし、長期病欠の場合は減俸規定があり、場合によっては解雇もありうることが付記されていた。

明治二十三(一八九〇)年の巡査の初任給が月額六円、小学校教師のそれが五円である。

夏目漱石(一八六七—一九一六)が明治二十六年に東京高等師範学校の嘱託教師となったときの年俸が四百五十円、樋口一葉(一八七二—九六)が明治二十五年に短編小説『うもれ木』の原稿料として受け取ったのが十一円七十五銭、これで樋口家の一家三人が一か月を細々と暮らしたというから、外国人教師の俸給がいかに高額であったかがよくわかる。

もっとも、伊藤博文は明治十八年から二十一年にかけての総理大臣時代には八百円の月俸を、明治二十三—二十四年に貴族院議長を務めたときには、五千円の年俸をとっていた。

このように、待遇は破格としても、はるか東洋の島国へ赴任してくれる者はおいそれとはみつからない。人選は難航したが、ようやく一人の候補者が現れた。

その候補者はルドルフ・ディットリヒ（Rudolf Dittrich：一八六二―一九一九）といって、現在のウクライナ南西部、当時オーストリア帝国領であったガリツィア地方出身の二十七歳になる音楽家だった。生地でピアノ、ヴァイオリン、オルガン、楽理を学んだのちブレスラウで一般高等教育を受け、一八七八年にウィーン音楽院に入学した。そして音楽院ではヴァイオリン科教授のヨーゼフ・ヘルメスベルガー二世からヴァイオリンを、交響曲作曲家としても有名なオルガンの大家、アントン・ブルックナーからオルガン、及び和声と対位法を学んだ。一八八二年に音楽院を卒業した彼は、この当時は教会オルガニストのポストを持っていたほか、ヴァイオリン、ピアノの独奏者、指導者として活躍していた。

願ってもない人材が挙手してくれたので、戸田公使は愁眉を開き、彼の話を聞いた。

「わたしには妻がいます。日本へは、妻を同伴できますか？」

「もちろんです。旅費は往復とも二名分が支給されますし、ご夫妻でゆったりと暮らせる、快適な住まいも用意されるでしょう」

「わたしのポストは、その学校の校長ですか？」

戸田公使はここではたと困った。

ディットリヒとしては、東洋の果ての音楽後進国に赴任する以上、その国の官立音楽院の院長としてならば、と考えるのは当然の思いであった。彼に限らず、ヨーロッパの音楽家たちは誰もが、安定したポストでもありステイタスでもある「音楽院院長」の肩書を喉から手が出るほど欲していたのだ。

しかし、東京音楽学校の最高権限者は日本人の校長である。当時の校長は、音楽取調掛の発足以前から国営の音楽教育事業に心血を注いできた、伊沢修二だった。いかに金銭面の好待遇で迎えようとも、外国人教師はあくまでも、技術指導のために雇う一時的な吏員に過ぎない。学校運営上の権限は何も与えられてはいない。ディットリヒは日本側の痛いところを鋭く衝いたのである。

戸田公使は冷や汗をかきながら、

「校長ではありませんが、技術指導上の最高権限を持つ技術監督者（Artistic director）として、赴任していただきます」

と説明して何とか納得してもらったようだが、実際の彼のポストは単なる技術監督者であって、ヨーロッパ音楽社会におけるような、一定の権限を伴う芸術監督に匹敵するものではなかった。

ルドルフ・ディットリヒ

それでも話が決まり、ウィーンを発つことになったディットリヒは、恩師のアントン・ブルックナーのところへ別れの挨拶に出掛けた。すると、この世間知らずで天真爛漫なオルガンの大家は驚愕のあまり、何度も飛び上がり、そのたびに後ずさりしながら、

「どこへ行くって？　日本？　日本？　ごきげんよ

う！」
と叫び、未開国へ行こうとしている弟子を早くも薄気味悪がってか、握手の手を出さなかったという。

ディットリヒ、幸田延を留学生に推薦

一八八八年九月二十二日、ディットリヒは、イタリア貴族ランマー家の出である、ペトロネラ・ヨゼフィーネ・レオポルディーネ・ランマー夫人、愛称ペリーネ夫人と共に、前年に戸田一家が最初に乗船したのと同じフランス客船アナディール号でマルセイユを出港、香港、上海を経て十一月四日に日本に着いた。ひとまず、京橋区采女町にあった築地精養軒に入居する。まもなく、本郷弥生町に用意された家に移り、この家から、上野に新校舎が落成したばかりの東京音楽学校へ授業に出向くようになった。

ディットリヒはこの東京音楽学校で、研究科に在籍しながら助手として教鞭もとっていた一人の女生徒の楽才に目を細めた。

ほう、日本にこれほど達者にピアノやヴァイオリンを弾ける生徒がいたとは……。音楽理論もよく理解できている。日本人も満更ではないな。

彼が感心したその女生徒の名は幸田延。当時十八歳だった。

かつて、音楽取調掛発足時のお雇い外国人教師メーソンに見出されてその伝習人となった幸田延は、メーソンやアメリカ帰りの永井繁子、前述のオランダ人音楽家ソーブレーらの指導を受けてすくすくと才を伸ばしていた。ディットリヒは校長の伊沢修二に進言する。

「ミス・コウダをウィーンへ送って勉強させるべきです」

延の留学話はその前から伊沢や文部大臣の森有礼の間で出ていたところだったので、ディットリヒの言を受けて、いよいよ具体化した。

森有礼はアメリカ駐在中の明治二年にも、女子留学生派遣を思い立った黒田清隆に賛意を示し、現地で親身に大山捨松、永井繁子、津田梅子らの面倒をみたほど、女子教育に理解のある男だったから、延の留学話にもことのほか熱心だった。

留学が本決まりになると、森は延を、何度か永田町の官邸の夕食に招いて、抱えのコックのつくる西洋料理を振る舞った。夕食時は、生後半年ほどの三男昭を抱いた妻の寛子と、年長の二人の息子、十三歳の長男清と十一歳の次男英、それに、森の亡き兄の妻、という家族一同がきちんとした衣服をつけ、髪もきれいに整えて、行儀よく食卓に着く。

森はさりげなくテーブルマナーを教示しながら、欧米の音楽事情やら、留学生活の心得などを延に語ってくれた。そして、

「ぜひ、妻にピアノを教えてやってください」

と言うので、延は寛子夫人のピアノ・レッスンを引き受ける。

実はこの寛子夫人とは、ディットリヒの日本派遣に力のあったウィーンの戸田公使夫人極子の実

妹で、本書第一章冒頭に、姉の極子と共にままごと遊びをして父の危機を救った幼女として登場した、岩倉恒子の二十六年後の姿である。恒子は、森との結婚に際して寛子と改名していたのである。

森有礼の結婚

十七歳年下の寛子夫人は、森にとって、二度目の妻だった。

彼は明治八（一八七五）年に、静岡県士族広瀬英雄の娘、常と最初の結婚をした。

このとき、彼は友人福沢諭吉を証人として、この結婚が双方の合意であること、夫妻は互いに相愛を貫いて夫婦の道を守ることを明記する「結婚契約書証」なるものを両人署名のもとに取り交わし、その契約証を新聞紙上に発表した。この新聞発表結婚は、結婚というものが家と家、あるいは親同士の取り決めであって、男性の意思こそ尊重されても、女性は黙ってその取り決めに従うのが当然とされていた当時の世間に、一大センセーションを巻き起こしていた。

いわば、日本初の、男女同権宣言婚を敢行したのが、森有礼・常夫妻だった。この夫妻の間に生まれたのが、長男清と次男英である。

明治十二（一八七九）年十一月六日、森はイギリス特命全権公使に任ぜられ、同月二十日に妻の常と二人の幼い息子、それに甥の森有祐を伴って横浜を発ち、ロンドンに赴任した。ロンドンでの森は、妻の常を伴ってヴィクトリア女王に謁見したあと、英国議会の開院式に列席し、各国公使たちとの交際やら各種の視察もこなし、日本からやってくる政財界人や留学生の面倒も甲斐甲斐しくみて、実に精力的に活動した。

四年の任期を終えた森に帰国命令が出て、一家がロンドンを発ったのは明治十七（一八八四）年の二月二十六日で、横浜港に着いたのは四月十四日だった。

その年の十二月八日に、女の子の出生届が出された。出産はそれよりもいくらか前であろう。安と名づけられたその子は、森にとって初めての女児、待望の長女であったはずなのに、どういう事情からか、明治二十年五月に、ロンドンに伴った甥とは別の甥で、まだ二十一歳の独身者、横山安克の養女とされ、さらに四か月後に、東京府南豊島郡原宿村の平民、高橋尊太郎の戸籍に移された。その二日後の五月九日、森は子爵を授爵している。

実は、安を生んでしばらくしてから、常は永田町の森家を出て、そこからかなり遠いところに一年ほど住んだのち、明治十九年十一月二十八日に森と離婚していた。離婚は「双方合意の上」として発表されたが、理由は公表されなかった。

この不可解な経緯から、離婚の原因が果たして何であったのか、さまざまに憶測され、講談のネタとされるほど、無責任な噂話や風評を呼んできた。

もっとも説得力のある説は、ロンドン時代に、謹厳で仕事熱心すぎる森に寂しさと物足らなさを感じた常が、若いイギリス人召使いによって心の空隙を埋めてしまったところ、帰国後に子どもが生まれてみると混血児の容貌があきらかであったため、窮地に陥ったというものだ。離婚後の常の公的な消息は絶たれるが、精神を病んだという話もこの説に付随する。

仮にこの説が当たっているとすれば、森がいかに寛大で、進歩的な男女同権論者であろうとも、ここまであからさまに常の不行跡が可視化された以上、さすがに容認し難く、常もまた弁解の余地なく、生まれた子を他家へ出し、自身も離婚の運命を甘受せざるを得なかった、と理解できる。

この説に反駁して、常の実家の遠縁に政治犯が出たため、新政府の重鎮となる森の将来を慮って常が身を退いた、という説もある。その延長線上には、離婚した常は名前を変えて再びイギリスに渡り、グラスゴー医科大学で医学を修めて女医となった、という突飛な説まである。

このように、常に関しては謎が多いが、あの冷静沈着な津田梅子が、鹿鳴館で付き合いのあった常の身を案じて、アメリカの養母ランマン夫人宛の手紙に、常の転居から離婚に至る経緯を綴っているので、それが一つの手掛かりとなりそうだ。梅子が無責任な噂話を吹聴するような人間ではないことは、さまざまな資料から検証されるので、ここに書かれたことは信憑性が高い。

Mrs. Mori, after becoming crazy, was placed in another house quite distance from her present dwelling, and there she lived for nearly a year, and now just lately she has been divorced.

津田梅子からアデリン・ランマン宛の手紙　一八八七年二月二十二日付

森自身、この件に関しては完全に口を閉ざした。常に関する資料や写真の類も森の手で一切処分された。

ともあれ、夫と妻がお互いを尊重し合い信頼し合って同等の権利を維持しながら敬愛に満ちた家庭を築く、という森の理想は、こうして結婚十一年にしてあえなく潰え去っていた。

岩倉恒子、寛子と改名して森の妻となる

手のかかる盛りの二人の男の子を抱えて独り身となり、しかも夫婦単位での交際機会の多い森を気遣ったのは、彼の才を高く評価している伊藤博文だった。

「早く次を貰いたまえ。岩倉卿の末の姫はどうじゃろうか。戸田伯爵夫人の妹御でな、一度有馬へ嫁がれたが、今、岩倉に戻っている」

伊藤が言うのは、岩倉具視の娘で、極子の同腹の妹、恒子のことだった。

恒子は明治十四（一八八一）年、十七歳のとき、旧久留米藩二十一万石有馬家の第十四代有馬頼《より》萬《つむ》に嫁ぎ、翌年長女の禎子を、明治十七年の十二月に長男頼寧《よりやす》を授かった。

頼寧が生まれて二か月ほどたったある日のこと、実家の岩倉家から人力車が差し回されてきた。

「槇の方さまのおかげんあしく、とく、この車にて、お戻りくださいますよう」

父の具視はすでに明治十六年の七月に五十七歳で世を去っていたので、岩倉家を守っているのは、側室から継室となった母、槇の方だった。その母が病気と聞かされ、恒子は驚いて、普段着のまま岩倉家へ駆け付けた。ところが、槇の方は病気でも何でもなかった。有馬へ帰ろうとすると、「急いで帰らずともまだゆっくりしていくように」と引き留められ、一日たち、二日たち、三日たつ頃

には「もう帰らなくてよい」と言われ、ついに、何の理由も示されないまま離婚の運命を甘受しなければならなかった。

この不条理ともいえる離婚劇に、誰のどのような意思が働いていたのかは伝えられていない。本人の意思でなかったことだけは確かで、甘えたい盛りの二歳の禎子と、乳飲み子の頼寧を置いたまま、騙し討ち同様に実家に帰された恒子の心中はいかばかりであったろうか。毎夜枕を濡らしたであろうことは想像に難くない。

伊藤から、この恒子を二度目の妻にどうかと勧められた森は、いかにも彼らしく言った。

「まずはお会いして、話をしたいと思います。こちらの事情もよく理解していただかなくてはなりませんし、どのようなお考えの方なのかも知りたいのです」

「それは結構なことじゃ」

伊藤の紹介で恒子と会った森は、じっくりと互いの胸襟を開き合える時間を持った。恒子自身、晩年、作家の島本久恵のインタビューに対して、当時のことをこう振り返っている。

……はっきり結婚と決まりますまでに幾たびも訪問を受けまして、その態度というものがこういう男の方もあったのかと一々わたくしにはおどろきでございました、そんなことと申したいぐらいいろいろの細かいことまで自分を披瀝されまして、わたくしのそれに対する思いようも求められたりして、一対一での申し合わせで、はじめてこう、心を開かれるという気がいたしました。

（島本久恵『明治の女性たち』みすず書房、一九六九年）

例えば、森は、先妻常の生んだ二人の息子を寛子に委ねるについて、こう言った。

ロンドン育ちで、日本に慣れないところもあります。注意深くみてやってください。もしも、口ごたえをするようなことがあったら、それを許してはいけません。必ずわたしに知らせてください。

（前掲書）

森が、「経済だけはあなたがやって下さいよ」と言ったのも寛子には驚きだった。家計を預けるというのである。

森寛子

こうして、お互いを知り、理解を深め合った上で、明治二十年六月二十六日、互いに再婚者同士の森有礼と岩倉恒子は結婚式を挙げた。森の妻となるに当たって、恒子が寛子と改名したのは、「恒」だと先妻の「常」と、音が同じだったためであろう。

森は、結婚前の宣言通り、給料袋の封も切らずに寛子に渡した。寛子は執事に教わりながら懸命に家計簿をつけ、何度も計算を合わせた上で、森にみせた。「どうぞ、お確かめくださいませ」。森は言下に、「それには及びません」。

寛子への信頼は絶大だった。その信頼に応えるべく、寛子は森が外で不自由しないようにと、毎朝夫の紙入れの中に必ず二十円が入っているように配慮していた。けれども、森がちっとも道楽をしないので、何日も一向に減らないままのことが多かった。

ご自分がいただかれた俸給なのだから、どんどんつかってくだされればよいのに……。そう思っていると、ある日、浦和の小学校の運動会に招かれた森が帰宅して言った。「今日は小遣いが減っていますよ、生徒に蜜柑を寄贈しました」。

やっとつかってくださったかと思えば、ご自分の贅沢ではなく、学童たちへ配る蜜柑だったとは……。寛子は苦笑する。

京都の講演旅行から帰宅して数日後、帯地の包みが届いたことがあった。

自分への贈り物だろうか？　どんな柄かしら？　寛子は胸をときめかせた。でも開けるわけにはいかない。森の帰宅を待ちかねて報告する。「今日、帯地が届きました」。「それは、産業奨励のために買ったものです」。

開けてみると、高価そうではあったが、特に寛子に似合うという帯ではなかった。

万事この調子であった。

これから音楽留学をする幸田延に、妻へのピアノ・レッスンを依頼したのも、稽古代を提供してやろうというほどの好意からだったのかもしれない。

一年八か月の結婚生活

幸田延が森寛子にピアノを教えたのは、明治二十一年から二十二年にかけての冬のことだった。

その明治二十二（一八八九）年二月十一日の朝、東京は大雪に見舞われていた。

明治六年以来、紀元節として祝われてきたこの日を選んで、記念すべき憲法発布の式典がおこなわれようとしていたので、その大雪の中、家々の門口には、積もった雪によく映える、鮮やかな日の丸が翻っていた。憲法が発布されれば、日本もようやく近代国家の仲間入りができる。官も民も心を一つにして、この日を寿いでいた。

麹町永田町一丁目十九番地の文部大臣官邸の前には、これから式典に出掛ける森を乗せようと、美々しく整えた馬車が控えている。官邸内では大礼服を身に着けた森が、寛子夫人を従えて玄関に向かっていた。

このとき、玄関脇の応接室では受付係の書生が、

「大臣にぜひ面会したい」

と強引に上がり込んできた青年を、

「今日はこれから式典です。時間がありませんから、別の日においで願いたい」

と必死になって宥《なだ》めていた。そうとも知らない森が階下に下りてきて、玄関に差し掛かったときだ

った。書生の制止する暇もなく、応接間からやにわに飛び出してきた青年は、用意の出刃包丁で森の脇腹を刺した。本人かどうか誰何《すいか》する問答があったとも伝わるが、寛子夫人はそんな問答を聴いていないと証言している。まさに、一瞬のことであった。

剣の達人の属官、座田重英《さいだしげひで》が護衛に就いていたというのに、座田の目の前でおこなわれた惨劇だった。遅れをとった座田はただちに居間にあった仕込み杖を摑んで青年を台所まで追い詰め、仕込み杖を一閃させた。血しぶきをあげて倒れたのは、西野文太郎という長州出身、二十三歳の国粋主義者で、ほぼ即死状態であったという。

西野は、進歩主義者の森を、天皇を戴くわが国の基礎を破壊し国を滅亡に陥れようとする不敬な国家破壊者、と断罪する「斬奸状」を懐に忍ばせていた。その文面は理路整然として淀みなく、手蹟は達筆であったと、当時の新聞は伝えている。

西野がこのようなテロ行為に走ったのは、「ある大臣が伊勢神宮参拝の折に、社殿にかかる御簾をステッキで跳ね上げて中をのぞき、土足厳禁の拝殿に靴のままあがった」と書かれた新聞記事を読み、「ある大臣」とは森のことだと見当をつけ、激高したためとされる。

森有礼の伊勢神宮参拝不敬事件、とされるこの話の真相に関しては、歴史家の大久保利謙《としあき》が大著『森有礼』（文教書院、一九四四年）の中に、森の秘書官として伊勢神宮参拝に同行していた木場貞長の目撃談を引用して、森にそのような振る舞いがなかったことを明言している。

木場の話によれば、森の参拝を案内していた神官が、事前に何の説明もしないまま、森を先導していって御簾の前まで進み、「突然身を翻して御門の右側に蹲んで（原文のママ。蹲の読みはうずくまる、なので、送り仮名は「って」であるが、「かがんで」の意かもしれない――引用者）しまった」ために、すぐ後に続いていた森はそのまま歩を進めそうになりながらも辛うじて足を止めた。このとき、突然の先導停止をいぶかしく思う森と神官との間に短い問答があった、ということである。この問答の内容は木場の耳には届いておらず、森と神官しか知らない。

森にしてみれば、なぜ、ここで急に神官が何の説明も前触れもなく、いきなり、肩透かし的な行動に出たのか、わけのわからない思いがしたことであろう。釈然としなかった森は、それ以上の参拝を断念し、木場を促して宿舎へ帰った。

以上のような経緯が木場の体験したすべてである。つまり、木場は明確に、「御簾をステッキで跳ね上げて中をのぞき、土足厳禁の拝殿に靴のままあがった」と描写されるような事実がなかったことを証言している。

その場にいたのは、神官、森、木場の三名のみ。この一件に尾ひれがついて世間に流布したことからみても、神道尊重論者でない森によい感情を持っていなかった神官が、故意に参拝ルールを教えずに森に恥をかかせようとしたか、あわよくば、ルール違反をさせることで森の政治生命を傷つけようとした、という疑いも否定できない。

西野に刺された森は応接間の長椅子に寝かされ医師の到着を待った。出血はひどいが、意識はしっかりしていた。寛子夫人と会話もできた。やがて医師が駆け付けたが、手当ての甲斐なく午後から意識不明に陥り、日付が変わる頃、四十一歳の生涯を終えた。

森の志半ばの非業の死に、幸田延はどれほど驚いたことであろうか。

彼の死を悼みながら、延が、上真行《うえさねみち》作曲による『幸田令嬢官命を帯びて留学するを祝う歌』の大合唱に送られ横浜港を発ったのは、その二か月後のことであった。

当初の目的地は、メーソンのいるアメリカのボストン。ディットリヒゆかりのウィーンへは、一年後に移ることになっていた。

花瓶を売って急場をしのぐ

森の悲報は、ウィーンの戸田一家を驚愕させた。

極子は、仲良しの妹寛子が有馬家から返されてきたときには心を痛め、その後、森と再婚が決まったと聞いて、この稀にみる逸材にして身辺清潔な男であれば、寛子も今度こそ幸せになれる、と安堵の胸を撫で下ろしていたというのに、結婚わずか一年八か月でこのようなことになろうとは俄かには信じることができず、悲運な妹が哀れで仕方なかった。

だが、一緒に泣いてやることは叶わない。遠くウィーンから森の冥福を祈り、寛子に励ましの手紙を書くのがせめてものことだった。

実際、公使夫人としての社交と、四人の子どもたちの母としての日常に忙殺される極子の毎日はあっというまに過ぎていった。当初、ほとほと悩まされたフランス語とドイツ語も、家庭教師のリッケン嬢が親身に教えてくれたおかげで、少しずつ上達した。

戸田一家の住まうウィーンの日本公使館は、当時のロートリンゲン五番地、現在のカルル広場三番地にあった。家族六人に、日本から帯同した秘書役の岸小三郎、世話係の柘植銈、ウィーンで雇用した家庭教師のリリッケン嬢、それに大きな黒のラブラドル・レトリバーを加えた一家は、葡萄棚の設えられた庭で、しばしば水入らずの家族パーティーを楽しんだ。

そのときの写真が残されている。極子と侍女の柘植銈、リリッケン嬢は髪をアップ・スタイルに結い上げ、ウェストをぎゅっと絞った床丈のドレスを身に着けている。孝子、米子、幸子の三人の娘たちはお揃いのひざ丈のワンピース姿である。氏共と岸小三郎は紳士然としたダンディな上下に身を包み、一人息子の氏徳は乗馬ズボンにブーツ、上半身にはおしゃれなチョッキを羽織っている。印象的なのは、背後の葡萄棚に岐阜提灯が吊るされていることであろう。遠く異国にあっても、大垣に思いを馳せる一家の思いが伝わってくる。また、この岐阜提灯は、公使館を訪れる客たちにたいそうめずしがられ、好評だったそうだ。

もう一葉の写真では、全員がゲートボールのクラブのようなものを持っている。クリケットの一種であろうか、家族内で「コロッケ」と呼んだ遊びに興じたのである。

思えば、このウィーンでの日々が、戸田伯爵一家のもっとも幸せな時代であった。

一方、頭の痛い問題もあった。

条約改正への地固め、という使命を抱える公使館では、友好親善のため毎週のように地元オーストリアや各国要人を招待して晩餐会や茶話会を開くが、その莫大な饗応費用は規定の交際費では到底賄えない。公使個人の持ち出しとなる。

この時代、懐の寂しい明治政府では苦肉の策として、在外公館の公使に裕福で聞こえた旧大名家の当主たちを選んで任じ、彼らの懐をあてにした、といわれるが、それは蓋《けだ》し図星であった。旧大垣藩十万石の戸田家もそれなりにゆとりはあったが、度重なる高額支出には悩まされた。

極子はのちに孫の徳川元子に、日本から持参してきた花瓶を売却して急場を凌いだこともあったと述懐している。

豪奢なパーティー費用を捻出できる花瓶とは、いかなる逸品であろうか。

戸田家の記録を調べてみると、明治二十年四月二日に「金銀象嵌の花瓶一対を下賜された」との記載があった。おそらく、これのことではなかろうか。当時の日本の家具調度品の類は何でも一対であったから、花瓶も単品ではなかったのだ。しかも、金と銀を模様に埋め込んだ皇室下賜品であれば、充分にパーティー費用を賄うことができたであろう。

それにしても、当時の外国駐在公使はこのような自己負担まで求められていたとは驚きである。これでは、旧大名家の当主かよほどの資産家でなければ務まりにくい。

さすがに政府もそれを猛省してか、戸田公使帰国の翌明治二十四年三月三十一日付を以て、勅令第三十三号により、公使館領事館費用条例が定められて、交際費のきちんとした予算化が図られるようになった。戸田夫妻は、先人の辛酸を舐めたのである。

氏共は、ディットリヒを日本へ送ったあと、引き続き条約改正問題に取り組んでいた。明治二（一八六九）年九月に締結された日墺修好通商航海条約は、治外法権、領事裁判権など、日本にとって不利な条項が多く、その改正が急務となっていたのだ。

しかし、この交渉は難航し、彼の代で解決をみることはできなかった。条約が改正されるのは明治三十二（一八九九）年である。ところが、思いがけない音楽親善外交を妻の極子が果たすことになった。

第八章　ウィーンに響く箏の音

ハインリヒ・フォン・ボクレット

ウィーンの戸田伯爵家では、家庭教師のリリッケン嬢に子どもたちの語学と一般教育を委ねたほか、音楽教育のためにも専門の教師を招いていた。

何しろ、ハイドン、モーツァルト、ベートーヴェンの昔から、ウィーンは音楽の都である。当時も綺羅星のごとき音楽家たちがこの町に住んでいた。

戸田家の音楽教師はオーストリア人のハインリヒ・フォン・ボクレット（Heinrich von Bocklet：一八五〇―一九二六）といって、ピアニスト、音楽理論家、作曲家としてウィーンで名の知られた人物だった。

彼の父親カール・マリア・フォン・ボクレット（一八〇一―一八八一）は、息子以上に高名な音楽家で、歌曲王フランツ・ペーター・シューベルト（一七九七―一八二八）と親交があった。シューベルトのほうが四歳ほど年上である。

シューベルトが一八二五年の夏に旅行先のガシュタインで作曲したピアノ・ソナタ第十七番ニ長調（D八五〇）は、このカール・マリア・フォン・ボクレットに献呈されている。これはかなり技巧的に書かれたソナタで、高い技術を持っていなければ弾きこなせない。そのことから、カール・マリアがピアノの名手だったことが窺える。また、シューベルトのピアノ曲中では異色ともいえるテクニカルな難曲『さすらい人幻想曲』も、作曲者自身が演奏に手を焼いて、「こんな曲は悪魔にでも弾かせればよい」と叫んだ、というエピソードを持つが、この曲もカール・マリア・フォン・ボクレットの手によって、シューベルト没後の一八三二年に初演されていた。

このような事実から、シューベルトとカール・マリアが親しい交友関係にあったこと、そして、シューベルトが彼のピアノの腕前を高く評価していたことがよくわかる。

そんな父を持つハインリヒ・フォン・ボクレットは一八六六年に十六歳でデビューを飾り、ピアニストとして活躍したのち一八七八年から八七年までの九年間、ウィーン帝室師範学校でピアノとオルガン、それに音楽理論の教授を務めた。戸田伯爵家の音楽教師に招かれた一八八八年はちょうどボクレットが帝室師範学校を退職した翌年にあたり、個人宅の出張音楽教授の口を引き受け始めていた時期、と考えることができる。

戸田公使が任期を終えて帰国後も、戸田家には長らく、燭台のついた外国製のピアノが伝わっていた、という事実を極子の孫の徳川元子が証言しているので、ウィーン時代の戸田家の四人の子どもたち、長男氏徳、長女孝子、次女米子、三女幸子、それに箏曲の下地のあった極子夫人も、ボクレットからピアノのレッスンを受けたに違いない。こうして、戸田一家の音楽教育のために公使館に出入りするうち、ボクレットは、公使夫人の極子から箏の実演を聴かせてもらう機会を得たであろう。

戸田公使の公務の第一義は、条約改正に向けて日本とオーストリアとの友好親善関係を深めることにある。そのために、戸田公使夫妻は公使館でしばしばパーティーを開いた。パーティーには、オーストリア政府の要人ばかりではなく、ウィーン在住の文化人、音楽家らも招かれる。その席で、文化交流の一環として、極子夫人は日本から携えて来た箏の演奏を披露した。だからボクレットは、そうしたパーティーの席上で極子の箏を耳にすることができたし、日頃、レッスンのために公使館を訪れた折にも、極子に請うて、間近で弾いてもらうことも可能だった。

東洋音楽への高い関心

この十九世紀後半のヨーロッパ音楽界は、ドイツ・オーストリアを本流とする、交響曲中心の音楽だけに重きの置かれる傾向が薄れ、それまで辺境と見做されていた東ヨーロッパ諸国、あるいは北欧やロシアなど、中央ヨーロッパから外れた周辺諸国の音楽に強い関心が向けられ、それらの国々の民族色を採り入れた音楽作品が脚光を浴びるようになった時期である。

ブラームスがハンガリー生まれのヴァイオリニスト、エドゥアルト・レメーニから摂取したハンガリーの旋律をもとに編作した『ハンガリー舞曲集』が爆発的ヒットとなった話は、第六章に詳述したが、それは一例に過ぎない。例えば、ブラームス自身、その経験を踏まえ、ボヘミアの無名作曲家アントニン・ドヴォルザーク（一八四一—一九〇四）に、「君も君の血の中に持つスラヴの旋律に基づく舞曲集をぜひ書きたまえ」と勧めて実現させたのが、ドヴォルザークの出世作となった『スラヴ舞曲集』だった。

フランスのクロード・ドビュッシー（一八六二—一九一八）は、ボクレットが戸田家の音楽教師となった翌年の一八八九年パリ万国博覧会でジャワのガムラン音楽に接し、その強烈な印象をもととして、一九〇三年に東洋風の五音音階を用いたピアノ曲『塔（パゴダ）』を書いた。彼のピアノ曲の中でも評価の高い三曲構成のピアノ曲集『版画』の第一曲が、この『塔』である。ほかにも、このパリ万国博覧会で体験した東洋音楽の響きが彼の作風に影響した例は、いくつも見出せる。

ボクレットが極子の箏の調べを聴いて、これが日本の民族音楽か、と激しく啓発され、そこに創作の新たな余地を嗅ぎ取ったのは音楽家として当然の心の動きだったといえよう。彼は極子の演奏を聴きながら、それを五線譜に起こした。

それだけではなく、彼は極子の所蔵する伝統記譜法による箏曲の譜面もみせてもらったに違いない。それは、箏の糸番号に基づいて記された手書き譜で、音価の表し方や、左手で弦を押さえて音高を変化させる押し手の強さ、あるいはさまざまな装飾音の入れ方などを、独特の決まり事によって書き記した譜面だ。箏を演奏しない者には読み解けないが、熟練の箏演奏者から実演を交えて、音と譜面との照応関係の説明を受ければ、音楽家たる者、五線譜への変換は容易である。そのためには、説明者にクラシック音楽の基本的知識と、ピアノなどの西洋楽器の一応の演奏能力もあればなおよい。

一八八〇年代末のウィーンでその条件を満たす、おそらく唯一の人物が、戸田極子だった。箏の卓越した演奏能力を持ち、かつ、ウィーンでピアノにも親しんだ彼女は、日本音楽の西洋記譜変換へのまたとない仲介者となりえたのだ。

『日本民謡集』

このようにして、極子から伝授された日本音楽は、ボクレットの手によって五線譜に改められ、『Japanische Volksmusik』のタイトルで出版された。このタイトルの和訳は『日本民謡集』、あるいは『日本の民俗音楽集』といったところだが、以下、『日本民謡集』として話を進める。

出版譜の表紙には副題として、「Gesang und Instrumentalstucke nach handschriftlichen Originalen harmonisirt und zum Claviervortrag bearbeitet Prof Heinrich von Bocklet（手書きの原譜に基づく、歌曲、及び器楽曲集、ハインリヒ・フォン・ボクレット教授により、和声づけ、及び、ピアノ曲に編曲）」と飾り文字が入り、一番上の中央には、少し改まった書体で恭しく「Seiner Excellenz dem Herrn Grafen TODA

kaiserl. Japanischen Gesandten in Wien ehrerbietigst gewidmet」と献辞が印刷された。「ウィーン駐在日本帝国公使、戸田伯爵閣下に謹んで献呈」の意である。
収載曲は、以下の五曲である。

- 『Miyasama; Soldatenlied（宮様：軍歌）』
- 『Hitotstoya; Volks-Lied（ひとつとや：民謡）』
- 『Regenzeit-Nachtmusik für Gesang mit Begleitung des "Biwa"（春雨：雨期の夜の歌　琵琶伴奏つきの歌）』
- 『Rokudan; Sechstheiliges Musikstück für das "Koto"（六段：箏のための六部よりなる器楽曲）』
- 『Midare; Zwölftheiliges Musikstück für das "Koto"（みだれ：箏のための十二部よりなる器楽曲）』

『宮様』は、戊辰戦争のとき、官軍のシンボル歌としてつくられた歌で、日本最初の軍歌とされる。日本では『宮様』というよりは『宮さん宮さん』のタイトルで知られる。品川弥二郎作とされる歌詞は「宮さん、宮さん、御《お》馬《ん》の前でひらひらするのは何じゃいな、トコトン、ヤレ、トンヤレナ、あれは朝敵征伐せよとの錦の御旗じゃ知らないか、トコトン、ヤレ、トンヤレナ」という具合に、錦の御旗のもと、朝廷に刃向かう者は懲らしめる、といった意が、同じ旋律の繰り返しにのせて、延々と歌われる。

しかし、この『日本民謡集』に歌詞は掲載されていない。大村益次郎が節付けしたとされる旋律

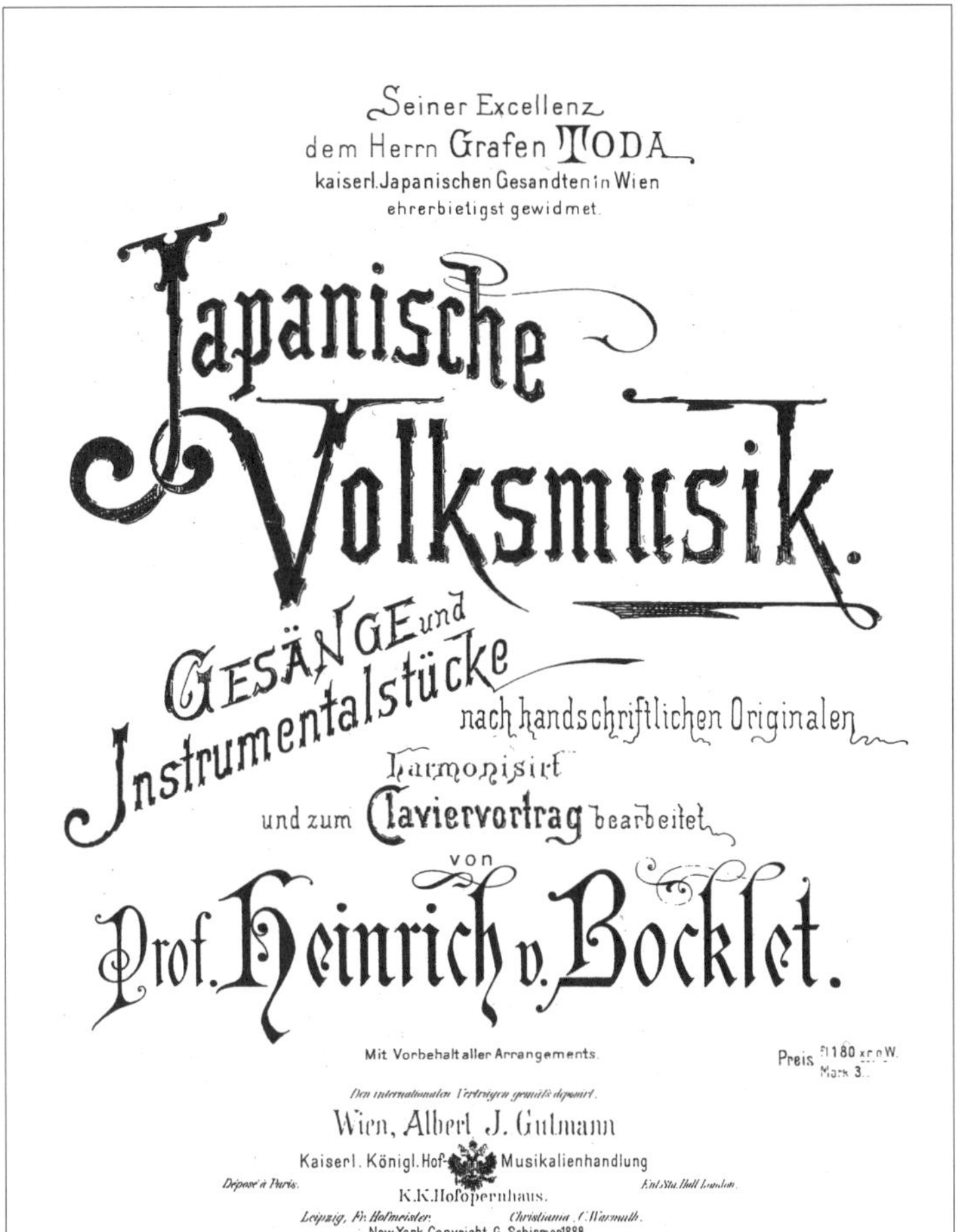

Seiner Excellenz
dem Herrn Grafen TODA
kaiserl. Japanischen Gesandten in Wien
ehrerbietigst gewidmet.

Japanische Volksmusik.

GESÄNGE und Instrumentalstücke
nach handschriftlichen Originalen
harmonisirt
und zum Claviervortrag bearbeitet
von
Prof. Heinrich v. Bocklet.

Mit Vorbehalt aller Arrangements.

Preis fl 1 80 xr ö W.
Mark 3.

Den internationalen Verträgen gemäß deponirt.

Wien, Albert J. Gutmann
Kaiserl. Königl. Hof-Musikalienhandlung
K.K. Hofopernhaus.

Déposé à Paris. Ent. Sta. Hall London.
Leipzig, Fr. Hofmeister. Christiania, C. Warmuth.
New-York, Copyright G. Schirmer 1888.
London, Metzler & Co.
Stockholm, Abr. Lundquist. Kopenhagen, Hennings.

『日本民謡集』（ボクレット）表紙　ウィーン楽友協会アルヒーフ蔵

Miyasama.

『宮様』（『日本民謡集』）

Hitotstoya.

『ひとつとや』（『日本民謡集』）

Harusame.

『春雨』（『日本民謡集』）

Rokudan.

『六段』（『日本民謡集』）

Midare.

『みだれ』（『日本民謡集』）

を、ニ短調、四分の四拍子で採譜して、右手がオクターブで旋律を弾き、左手が和声をつける形のピアノ曲に編曲されている。楽譜は基本単位の六小節分のみで、最後に反復記号が付されている。

『ひとつとや』は、正月のわらべ歌の一つとして、江戸時代から江戸近辺で歌われてきた数え歌である。歌詞は何種かあるが、「ひとつとや、ひと夜明ければ賑やかで、賑やかで、お飾りたてたり、松飾り、松飾り、ふたつとや、双葉の松は色ようて、色ようて、三蓋松の春日山、春日山、……」がもっともよく知られている。ただ、これも歌詞はつけられずに、嬰ヘ短調、四分の四拍子、十三小節の器楽曲に編曲されている。

三曲目の『春雨』も原曲は歌詞つきの邦楽小品である。有節歌曲ではなく、全体として一つの場面情景と女主人公の心情が連綿と歌いあげられているため、『宮さん宮さん』や『ひとつとや』に比べると、歌詞内容も曲調もぐんと込み入っている。

原曲は、幕末の嘉永年間（一八四八―五五）に江戸で流行した端唄で、歌沢にも同曲がある。『鶯《おう》宿梅《しゅくばい》』の別称があるように、梅を定まった宿とする鶯と同様、わたしもあなたのところにだけ留まります、やがて、年季が明けたらあなたと一緒になりたい、と切に願う遊女の心情が歌われる。だが、これも歌詞なしの、ト短調、四分の四拍子、六十八小節からなるピアノ曲に生まれ変わっている。

この曲を「琵琶伴奏」としたのはボクレットのあきらかな誤りだ。端唄というのは、三味線伴奏で歌われる小品歌謡曲だからだ。

極子は、ウィーンへ箏を携えていったが、三味線は持っていかなかった。そもそも、極子が幼少から稽古したのは箏であって、三味線ではなかった。当時、名家の娘が稽古する楽器は箏が一般的で、三味線はどちらかといえば花柳界の女性の楽器であった。極子が箏を学んだのは実家の岩倉家が東京に移ってからのことだから、関西が中心地である生田流ではなく、東京を牙城としていた山田流の一流派、山木派第四代の山木千賀に師事したのだった。

前述のように、『春雨』は本来三味線伴奏の歌曲であって箏の歌ではないが、はやり歌として極子はこれを知っていて、箏を伴奏楽器として歌って聴かせることができたのであろう。そしてそのとき、この曲は本来は箏の曲ではなく、三味線という、胴を膝に載せて右手に持った撥《ばち》で弦をはじく楽器で伴奏される曲なのだ、という説明をしたものと推測されるが、その際、ボクレットが三味線という楽器をよく理解できなくて、おそらく、どこかで曖昧な知識として頭に入れていた「Biwa」のことだと勝手な憶測を働かせたのではなかろうか。「Biwa」ならば、ヨーロッパでかつて隆盛を極めた弦楽器、リュートとよく似ている。リュートが東洋で発達したものが「Biwa」である、という認識を彼が持っていても不思議ではない。

あるいは、極子が、三味線とは撥で弦をはじく楽器で、同じように撥で弦をはじく仲間に琵琶という楽器もある、と解説したところ、ボクレットは、「三味線」よりは覚えやすい「Biwa」という日本語名詞を頭に叩き込んだのかもしれない。

四曲目の『六段の調』は純器楽曲で、「段」を単位に構成される器楽曲、段物の代表曲だ。作曲者は十七世紀の不世出の箏の名人、八橋検校《やつはしけんぎょう》（一六一四―八五）である。この人の没年がヨハン・セバスティアン・バッハ（一六八五―一七五〇）の生年であることからみても、いかに演奏史の長い、不朽の名曲であるかが理解できる。

五曲目の『みだれ』も同様に、八橋検校の作とされる箏曲の段物だ。十二段構成だが、段物の中では例外的に、格段の拍数が一定せず、まちまちであるところが曲名の由来だ。

『六段の調』も『みだれ』も四分の四拍子の五線譜に起こされていて、『六段の調』は百五十七小節、『みだれ』は二百七十二小節である。どちらも正確に書きとられているが、ただ、なぜか、『六段の調』はイ短調、『みだれ』はト短調で書かれている。

極子と同じ山田流箏曲を学んだ筆者は、この二曲はどちらも、壱の弦をニ音に合わせ、平調子という音律に調弦して演奏する。その場合、『六段の調』も『みだれ』も、ボクレットが『みだれ』に採用したのと同じト短調になる。もし、壱の弦をホ音として『六段の調』を弾けば、それはボクレットの採譜通りのイ短調となり、そのまま琴柱を動かすことなく『みだれ』を弾けば、当然これもイ短調になる。

それなのに、なぜ、ボクレットは『六段の調』をイ短調で、『みだれ』をト短調で記譜したのか？もしかしたら、『六段の調』と『みだれ』の採譜日が異なっていて、両日では調弦の音高が違っていたのかもしれない。その点については謎も残るが、どちらも、山田流の標準ヴァージョンであることは確かだ。

ボクレット、『日本民謡集』を戸田伯爵に献呈

ともあれ、ボクレットの採譜、編曲による『日本民謡集』はめでたく出版譜となり、その表書きには、「ウィーン駐在日本帝国公使、戸田伯爵閣下」への献辞も印刷された。

ヨーロッパの人々の間に日本文化への関心と憧憬が否応なしに高まっていたこの時期に、日本の音楽を、いち早く、このような形で紹介することができ、ボクレットがどんなに誇らしかったかは想像に難くない。その貴重な音楽材料を提供してくれた公使夫人に多大な感謝の念を抱いた彼は、その念を、彼女の夫の公使にこの曲集を捧げる、という形で表明したのだった。

この楽譜集は、一八八九／九〇年の『新ウィーン音楽時報』の新刊楽譜紹介欄に採り上げられていることや、アメリカでの発売元シャーマー社版の表紙に、一八八八年の版権が印刷されていることから、出版年は一八八八年とみられる。紹介者はイニシャルのみだが、当時のウィーンでもっとも高名な音楽批評家エドゥアルト・ハンスリック（一八二五―一九〇四）であることはまず間違いない。

ボクレットは刷り上がった楽譜を戸田公使夫妻はもとより、ウィーン音楽界の主だった人々に献本した。

ウィーン音楽界の重鎮となっていたヨハネス・ブラームスも、この献本を受けた一人だった。かつて、『ハンガリー舞曲集』を編作した彼である。この『日本民謡集』にも強い興味を持ち、ボクレットに言った。

「わたしもぜひ、戸田公使夫人の箏演奏を聴いてみたい」

「では、公使館へお連れいたしましょう。夫人も喜ばれることでしょう」

こうして、ある日、ボクレットはブラームスを公使館に伴い、極子夫人に紹介した……。

「ここに載っている日本の音楽を、実際にコトで弾いてみていただけませんか」

「箏がお気に召して嬉しゅうございます」

ブラームスの希望に従って、極子は『日本民謡集』収載の五曲を彼の前で弾いて聴かせ、ブラームスは『日本民謡集』に目を落としながら極子の演奏を聴き、注意深く、その異同を、譜面に書き込んでいった。

ブラームス（1885年頃）

これがまさしく、プロローグで紹介した、守屋多々志画伯の筆になる屏風絵《ウィーンに六段の調》に描かれた場面だったと推測してまず間違いない（口絵参照）。

花の咲いた日墺共同研究

実は、ここに記したような『日本民謡集』をめぐる経緯が知られるようになったのは、二〇二一年までウィーン楽友協会資料館館長を務めたオットー・ビーバ博士（一九四六—）が一九八四年に、同資料館所蔵の「ブラームスの遺産」の中に、同じ蔵書番号「VIII. 28683」を持つ二冊の『日本民謡集』を発見したことがきっかけだった。独身のまま、一八九七年に没したブラームスの膨大な音楽資料はウィーン楽友協会に運ばれ、「ブラームスの遺産」のスタンプが押されて大切に保存されてきたが、その中にこの二冊があったのである。

一冊には、ブラームスの真筆の書き込みが見出された。ブラームスがボクレットから贈られて公使館へ持参し、極子夫人の演奏と照合させながら書き込みを入れた、あの楽譜がこれである。

もう一冊も同じものだが、こちらは何も書き込みがない。ただし、「Le Comte Toda（戸田伯爵）」という名刺が挟み込まれていた。

こちらは、ボクレットから複数冊の献呈を受けた戸田伯爵が、そのうちの一冊に自分の名刺を添えて、ウィーン楽友協会に寄贈した分だった。

しかし、その時点では、この二冊の来歴も何もわからず、いかなる事情のもとにブラームスが書き込みを入れたのか、戸田伯爵とは何者であるかも、まるで不明だった。

ブラームスが書き込みを入れた楽譜

そこで、ビーバ博士は、旧知の日本の研究者、大宮眞琴博士（一九二四―九五）に協力を仰ぐ。大宮博士も、日本音楽の楽譜集がブラームス存命中のウィーンで出版されていたこと、そこにブラームスの書き込みが入っていたことに驚き、調査に乗り出す。

調査結果をもとに、大宮博士は、日本ブラームス協会の機関誌『赤いはりねずみ』第二四号（一九九四年）に『音楽のかけ橋――百年前にウィーンで出版された「日本民謡集」の謎』と題したエッセイを寄稿されたのを始め、いくつかの雑誌やパンフレットにこの研究報告を綴られた。

こうして、日墺の提携研究が進められた結果、楽譜の表紙の献辞や、挟み込まれた名刺などが手掛かりとなって、前述のような事情が解明され、一九八五年にウィーンで開催されたシンポジウム「日墺音楽交流の歴史と現状」で研究成果が発表されたのだった。

日本でも、大垣市がその事実を知って昭和六十二（一九八七）年に『ウィーンと大垣を結ぶ音楽のかけ橋』と題したパンフレットを発刊したのを機に、新聞、雑誌などでも紹介されて、ブラームスと戸田極子の音楽交流の史実は同市を中心に広まった。

そして、平成四（一九九二）年には、守屋画伯があの屏風絵を描いた。

《ウィーンに六段の調》制作秘話

守屋画伯は二〇〇三年に亡くなられたが、幸いにも、画伯の長女で守屋多々志美術調査研究センターの古館多寿子センター長から、あの名画の制作当時の貴重なお話をうかがうことができた。

「大垣西濃の会という、大垣に関わった方々の会がありまして、その方々の中から、極子がブラームスに箏を聴かせている場面を絵にしたらどうだろうか、というお話が出たんですね。それで、当時の小倉満市長さんから、父が依頼を受けました。小倉市長は、あの話を知ってたいへん感激され、ぜひ広く皆さんに知っていただきたいと、絵にすることを切望されたんです。それで、父も喜んでお引き受けしました」

あの卓抜な構図は、どのようにして画伯の脳裏に浮かんだのだろうか?

「父は制作に入るとき、アイディアに苦しむこともしばしばありますが、あの絵の場合は、すぐに画想が浮かんだんです。箏を台に置いて、椅子に坐って箏を弾く極子と、ソファに腰掛けてそれを聴くブラームス、そこまではすぐに思い描けたのだそうです」

現在は、日本でも箏を立奏台に置いて演奏することが多くなったが、当時の日本では、まず、畳の上に平置きにして、奏者は正座して奏でていた。だが、場面はウィーンである。守屋画伯はすぐに、台上に置かれた箏を椅子に坐って奏でる貴婦人を着想されたのである。

「でも、極子の坐る椅子をどうしたらよいかに、父は、ずいぶん悩みました。それで、建築家の弟に頼んで、椅子の歴史やデザインの資料をとことん集めまして、アール・デコとアール・ヌーヴォーの中間の籐ネットの椅子にすることに落ち着きました。この椅子ですと、背もたれの部分が枠だけですので、極子のドレスの背の柄もはっきりと描くことができます」

戸田極子　墺国駐劄時代
(1890〈明治23〉年)
大垣市立図書館蔵

徹底研究から選び出されたこのデザインの椅子のおかげで、極子の美しい背中が、絵の鑑賞者の目を惹きつけている。

「この絵は、音楽という、本来絵に描くことの不可能なものを描き出さなければならないので、その点にも父は工夫を凝らしました。ほら、画面の右下の隅に香炉が置かれていますでしょう。みてください、香炉からゆらゆらと煙が立ち昇っています。この煙のかすかな揺れによって、絵では表現できないはずの音の響きを表すことに父は成功しました」

この絵がこれほど、鑑賞者の心を捉えて離さない陰には、守屋画伯の単なる技術以上の精緻な心配りと優れたアイディアがあったのである。

実際の制作に際しては、碁盤の目状の画布に下絵を描いて、それを拡大していくのだという。たいへんな手間暇のかかる作業だが、この絵の制作時には、画伯自身がよほどブラームスと戸田極子の音楽交流に心を動かされたのであろう、絵筆は快調に進み、一年ほどで完成したそうだ。「院展に出品しましたときには、当時の両陛下がおみえになり、こういうことがあったとは初めて知りました、と感慨深げにおっしゃられたんですよ」

ブラームスは何を書き込んでいたのか

ところで、ブラームスによる『日本民謡集』への書き込みは『六段の調』と『みだれ』の前半部分に集中している。そしてその書き込みからは、ブラームスがボクレットによる加工を取り去り、もしくは誤りを直し、極子の弾いたままの楽譜に訂正しようとしていることが読み取れる。

彼はボクレットによる西洋クラシック風の味付けを嫌い、本来の箏楽曲、日本の音楽をあるがままの形で正確に知ろうとして、極子に箏の演奏を所望したのである。

極子の演奏によって知り得た日本の音楽が、ブラームスの作品のどこかに、何らかの形で反映されていれば、それは日本人としてたいへん嬉しいことである。

そう思って、これ以後に作曲されたブラームスの作品をじっくりと聴きこんでみるうち、一つ気づいたことがある。

ブラームスが極子の箏を聴いて三年後の一八九一年夏に、避暑地のバート・イシュルで完成させた『クラリネット五重奏曲ロ短調』の第二楽章アダージョ冒頭部の三音からなる印象的な三度下降音型はこの楽章の重要モットーだが、この三音は、どこか、『六段の調』冒頭の四度下降音型を彷彿とさせる。

『六段の調』の冒頭

ブラームス『クラリネット五重奏曲ロ短調』第二楽章アダージョ冒頭

作譜：二宮玲子

第九章　極子の後半生

駿河台の戸田伯爵邸

明治二十三（一八九〇）年十二月二日、戸田伯爵一家は懐かしい日本の土を踏んだ。同月十六日、氏共はオーストリア・ウィーン在勤及びスイス公使兼務を解かれたが、特命全権公使の肩書はそのままとされ、しばらく外務省に籍を置くことになった。

日本不在中に、神田駿河台南甲賀町六番地の邸宅はすっかり修築されていた。敷地はおよそ三千坪。建物は棟続きの洋館と日本館からなる。明治十三年竣工の洋館は総煉瓦造り二階建てだった。

大正七年から大正十二年の関東大震災までここで暮らした、氏共夫妻の孫の徳川元子は、洋館の中の様子を次のように描写している。

内部はルイ十六世式の家具で飾られ、十五室ぐらいあった大きな部屋には、それぞれ異なった柄のペルシャ絨毯が敷きつめられ、シャンデリアもまばゆいものでした。〔略〕大広間には、大きなオルゴールが据え付けられていて、ねじを巻くと、蝶の形をした美しい打器が、ゆっくりと廻る大きな真鍮のロールの釘を代る代る打って、美しいメロディを奏でていました。

（徳川元子『遠いうた　七十五年覚え書』）

家具調度類がこのように豪奢であったばかりではなく、温風暖房設備と給湯システムまで備えていた。戸田家も明治初期はそれほど裕福でもなかったそうだが、戸田家には、代々仕えて来たお家大事を第一義とする忠臣たちがいた。彼らは地元大垣での殖産興業に力を入れ、その実績をあげて主家の経済基盤を盤石にしていた。おかげで戸田家は、この頃になると旧大名家の中でもゆとりのあるほうとなっていた。

氏共夫妻はウィーン時代の習慣そのままに、週に一回、「受け日」と称する交際日を設けて外国人客をこの館に招き、ビュッフェ形式のパーティーを開いた。毎週木曜日の午後がその「受け日」で、客たちが応接間に通されると、孝子、氏徳、米子、幸子の四人の子どもたちも、

「お客様にご挨拶なさい」

と父母に促されて顔を出し、ウィーン仕込みのドイツ語で行儀よく挨拶する。

子どもたちは父親の公使赴任によって日本での学校教育が中断されてしまったため、帰国後も通学はせず、分野ごとに家庭教師を迎えていた。

一般教科は牧野英子、書画は跡見花蹊《かけい》、和歌は国分操子《こくぶみさこ》、洋画は神中糸子《じんなか》、フランス語の教師はヴィーカス。

牧野英子は牧野伯爵の一族と思われる。跡見花蹊は跡見学校（のち跡見女学校に校名変更、現在の跡見学園女子大学の前身）の創始者で、国分操子は東京女学館の国語教師、神中糸子は工部美術学校出身の女性画家、ヴィーカスの出自は不明である。

そのほか、娘たちは稽古ごととして、茶道と生け花を植村ふじ子に、山田流箏曲を母極子の師でもある山木千賀に習った。

また、少しのちのことになるが、ウィーン留学を終えて帰国してきた幸田延も、ピアノの師として招かれていた。

氏共はウィーン時代にスイス、ドイツ、イギリスにしばしば足を伸ばして狩猟を楽しんだ経験から、駿河台の屋敷でも二十頭ほどの猟犬を飼った。種類はポインターとセッターで、彼らは広い庭を元気よく駆け回り、四人の子どもたちの恰好の遊び相手も務めた。

間に合わなかった血清療法

そんな幸せな日常が破られたのは、帰国二年目、氏共が宮内庁の狩猟官に就任した明治二十五年七月初めのことだった。

長男の氏徳が喉の痛みを訴え、苦しそうな咳をし始めたのだ。これはいけないと、すぐに床をとって寝かせたが、熱も高くなってきた。

侍医は最初、

「おみお風邪でございましょう」

と診立てたが、口を開けさせてみると喉が異様に赤く腫れあがっているので、首をかしげ、

「これはもしや、ジフテリアかも存じません」

と言った。氏徳の咳はますますひどくなり、犬の吠え声のような音を立てた。嘔吐もあった。

眉を曇らせた氏共は伝手をたどり、東京医学校の招聘で来日していた高名なドイツ人医師、エルヴィン・フォン・ベルツ（一八四九―一九一三）博士の往診を請うた。

だが、さしもの名医の治療を以てしても、病を退散させることはできず、七月九日、戸田伯爵夫妻の輝く希望の星であった、たった一人の跡取り息子、氏徳は十四歳の短い一生を終えた。

氏共と極子の悲嘆はいかばかりであったろうか。ウィーンへの困難な船旅も乗り越えさせ、慣れ

ない異国生活にも馴染ませて病を得させることもなく、帰りの船旅の荒波からも守り切ったというのに、まさかこの日本で、かけがえのない一人息子を喪おうとは、悪夢としか思えない出来事であった。

氏徳の死の半年後、ジフテリアの血清療法が日本に入ってきた。極子は、生涯、その半年の遅れを無念がり、折りに触れてはため息をついていたと、孫の徳川元子は伝えている。

次女米子に婿養子を迎える

明治三十六（一九〇三）年九月十九日、当時宮内省の狩猟局長の任にあった戸田氏共と妻の極子は、上野国（現群馬県）高崎藩の旧藩主大河内子爵家の当主の弟、大河内輝耡《きじょ》を次女の米子の婿養子として迎えた。

長女の孝子は早くに、熊本藩の旧藩主家の嫡男、細川護成《もりしげ》と婚約が調い、明治二十九年に嫁いでいたため、養子をとるのは次女の米子と決められていたが、中々年恰好の釣り合う候補者がみつからず、米子は当時の結婚年齢としては遅めの二十三歳になっていた。

花婿の大河内輝耡は東京帝国大学法科在学中の二十一歳。戸田家に入ったのに伴い、名を氏秀《うじひで》と改めた。

氏秀、米子夫妻は、新婚時代には駿河台の氏共邸に同居していた。

戸田氏秀

戸田米子

（左右とも提供：徳川宗英）

結婚の翌年に長男氏重が生まれ、続いて長女愛子が生まれた。米子が三人目を身ごもったのを機に、若夫婦は独立して居を構えることになり、牛込区市ケ谷加賀町二丁目十一番地に敷地八百坪、建坪三百坪の新たな家を建て、明治四十年の二月十一日、紀元節の日を選んで転居した。

三千坪の敷地に壮麗な洋館と風情ある日本館の建つ駿河台の本邸に比べれば小規模だが、現代の一般住宅とも比較にならない豪壮なこの新居で、五月二十九日に、第三子で次女の元子が誕生する。続けて、若夫婦は、次男氏武、三男氏克、四男氏忠《うじただ》の男の子三人を相次いで授かった。

この間、東京帝国大学を卒業した氏秀は、一旦、帝国鉄道庁に入庁したあと帝室林野管理局に転じ、大正元年には宮内省の東宮職主事となり、皇太子殿下（昭和天皇）のお相手役を務めるようになっていた。

氏秀は人柄温厚で、米子との夫婦仲も睦まじかった。若い夫妻は男女六人もの子宝に恵まれたので、これで戸田家の将来は安泰と、氏共も極子もようやく一安心といったところであった。

米子の死

ところが、大正五（一九一六）年七月九日、虫垂炎から腹膜炎を併発した米子が、三十七歳の若さで急逝した。

激しい腹痛に、米子は一晩苦しんだ。翌朝に往診した医師が「食中毒」と誤診したのが、ことを手遅れにした。虫垂炎とわかったときには、もう手術もできない状態だった。

体温が四十二度にまで上昇した。その苦しみの中で、米子の意識は最期まではっきりしていた。十二歳の氏重、十一歳の愛子、九歳の元子、六歳の氏武、四歳の氏克、まだ三歳にもならない末子の氏忠を残していかなければならないと悟ったとき、米子は枕もとの母、極子に言い遺した。

「どうか、子どもたちのことをよろしくお願いします」

米子の瞼が永遠に閉じられたときから、かつての鹿鳴館の貴婦人は五十八歳にして、六人の孫たちの新たな母となった。それは実際、たいへんな大仕事であった。

氏共の悲嘆も計り知れなかった。世子氏徳をジフテリアに奪われ、今また、戸田家を託した娘米子をあっけなく喪って、一時は茫然自失の態であった。

やがて、いくらか気を取り直した氏共は、愛娘米子の短かった人生がいささかでも大垣のために役立つようにと、八月二十六日の四十九日の法要に際して、米子の遺産のうちから五千円という大金を大垣町立小学校の生徒奨学基金として寄付することを申し出て、十二月に実行する。こうして、氏共は、愛娘の思い出をふるさと大垣に刻んだ。

もともと、氏共は大垣の教育奨励に熱心で、常に旧藩士の子弟を自邸の書生に置いて、東京で勉強させていた。また、北尋常小学校（大垣高等小学校）の校舎建築費として大正六年に四万五千円を、翌年に追加として一万円、さらに一万五千円の計七万円を寄付している。そのほかにも、地元への各種寄付は毎年のようになされた。

一方、三十四歳の若さで、六人の子を遺して妻に先立たれた戸田氏秀は、東宮職主事として皇太子の相手役という気の張る勤めを抱えながら、家庭では子どもたちにまめまめしく接して、こまやかな愛情を注いでいた。

当時流行った、自家製のサイダー製造機やアイスクリーム製造機を買ってきて、子どもたちと一緒にそれらのおやつをつくって楽しませたこともあれば、庭に花壇を設えて四季の花々を育てたこともあった。また、裏庭に金網の囲いをめぐらせて兎を飼い、子どもたちに餌やり当番を体験させ、可愛らしい子兎が穴から這い出してくる様子も観察させた。そして、休みの日には郊外散歩に連れ出す。このようにして氏秀は、ここまでできる父親がいるだろうかと思えるほど、心のこもった情操教育を子どもたちに施した。

氏秀がこうして、母を喪った子どもたちに寂しい思いをさせまいと努力する様子をみるにつけても、氏共・極子夫妻の胸は痛んだ。米子の忘れ形見たちを大切にしてくれるのは嬉しいが、せっかく戸田家に入ってもらった大切な婿養子を、三十半ばの若い身空でいつまでも独り身にしておくわけにはいかなかった。

翌年の七月九日に米子の一周忌法要を無事に済ませた頃から、夫妻はこの問題について話し合った。

「このままではよろしくない。あの若さで気の毒だ」

「ほんに、米子さえ元気でいてくれたら」

極子はため息をついた。

このような場合、家の存続が第一義であった当時、亡くなった妻の妹が義兄の二度目の妻となるケースも多かった。だが、夫妻の三女幸子は、すでに松江藩の旧藩主の四男で、支藩松平家を継いだ松平直平へ嫁いでいる。氏共は言った。

「富子しかおるまい」

富子というのは、氏共が戸田家に奉公していた女性との間にもうけた娘で、亡くなった米子の二十二歳年下の異母妹にあたった。

実母は、この娘が氏共の実子として大切に扱われることを条件として、出産後まもなく暇をとっていた。そのような事情のもと、実母に代わってその娘富子を大切に養育してきたのは、極子であった。

当時十六歳の富子は学習院に通っていて、米子の遺児、愛子と元子の何学年か上の学年に在籍していた。この富子を氏秀の二度目の妻とすれば、八方丸く収まるというのが、氏共の考えだった。氏共は五十歳近くなってもうけたこの非嫡出の娘に、極子との間の嫡出子たちにかけるのとはまた一種異なった、孫を慈しむかのような愛情を注いでいた。

極子は富子の出生から今日まで、ただの一度も氏共に非難めいた言葉を口にしたこともなく、実の娘同様に育ててきたから、富子が戸田家のあとをとることになるのに一概に反対というわけではなかった。ただ、米子の娘たちからみれば、富子は叔母とも姉ともつかぬ不可解な存在に違いなく、その富子が明日から母となるとあっては、多感な年齢の孫娘二人がどんなにか傷つくであろうと、それを心配した。

「富子は、愛子とは三つ、元子とは五つしか年が違いまへんが」

「それはそうだが、よそから貰うわけにもいかん」

たしかに、婿養子の氏秀に他家から二度目の妻を迎えれば、そこに新たに誕生する子どもたちは、完全に戸田家の血筋ではなくなってしまう。

「ほんに……」

極子は力なくうなずくしかなかった。

孫娘二人を引き取る

大正七（一九一八）年の夏の初め、戸田氏秀は、亡き妻米子の異母妹で十六歳の富子と駿河台の戸田邸の奥座敷で結婚式を挙げた。

当初、この話を持ち出された彼は、驚愕して、極力断わろうと努めた。その彼を説得する辛い役目を引き受けたのも極子であった。心やさしい義母から言葉を尽くされると、氏秀は最後まで抗い続けることはできなかった。

一方の富子にしても、二十歳も年上の、六人の子持ちの義兄との結婚には、複雑な気持ちを抱かざるを得なかったであろう。十六歳の身空で、十四歳を頭とする四人の子どもたちの継母とならなければならないのである。

愛子と元子の二人の娘は、多感な年齢にあることが考慮され、駿河台の氏共邸に引き取られ、祖母極子に育てられることになった。男の子四人は引き続き加賀町の氏秀邸に暮らし、身の回りの世話は使用人から受ける。愛子と元子にしてみれば、一つ家の中でいくらも年の違わない継母と顔を突き合わせているよりも、祖母極子のもとで暮らすほうが気楽に違いなかったが、大好きな父親や兄弟たちのいない日常はやはり寂しかった。

駿河台で生活するようになってから、愛子と元子は時折、加賀町の父の家に遊びに行った。けれども、母米子の亡くなった部屋はすでに取り壊されて遺品もかたずけられ、使用人たちも入れ替わってしまっていて、家の雰囲気はがらりと変わっていた。

氏秀のほうでも、休日には、富子や息子たちを連れて駿河台の屋敷をしばしば訪問した。だが、愛子と元子は富子に遠慮があって、以前のように無心に父に甘えることはできなかった。

そんな孫娘たちを不憫に思い、極子は二人の身の回りに心を配った。

二人の通学の道中に何かあってはいけないと、極子は毎日必ずお供の女中をつけた。二人はそれがいやでたまらず、何とか撒こうとしたが、忠実なお供は、代変わりしても皆、息を切らしながら必死についてきた。

「今思えば、心ないことをしました」

と元子は振り返っている。

家には家庭教師として、沼沢孝子という先生を招き、孫娘たちの家庭学習の相手を頼んだ。

このように、教育に細かく配慮する一方、しつけは厳格だった。

孫娘たちの部屋を用意したとき、流麗な水茎でこの有名な古歌を記した短冊を、部屋の床の間にかけた。

落ちぶれて　袖に涙のかかるとき　人の心の奥ぞ知らるる

将来、どんな運命に見舞われようとも、挫けずに生きていく力を身につけさせようという配慮であった。また、身の回りのことは使用人の手を借りずに自分ですることを厳しく教え、下着の洗濯も自室の掃除も自分たちでさせた。もちろん、極子自身が無言で手本を示していた。

大垣ゆかりの小倉末子

極子は孫娘たちの稽古事も奨励した。山田流の箏の手ほどきは、最初、極子と米子の師であった山木千賀に依頼したが、のちに千賀の妻と娘に引き継いでもらった。山木千賀は戸田家三代の女性に箏を教えたことになる。

ピアノの教師として、当時、東京音楽学校の教授であった名ピアニスト、小倉末子（一八九一—一九四四）を招じた。

小倉末子

小倉末子は明治二十四年二月十八日、旧大垣藩士族、小倉周一と妻・紫登との間の三女として、東京市牛込区矢来町に生まれた。東京生まれではあっても、一家の本籍は大垣である。末子自身、大垣で暮らしたことはないが、旧藩主と旧藩士の結びつきは強く、大垣藩士の娘ということで、戸田邸に招かれたのである。

元子も、回想記の中で、「ピアノは小倉末子先生という大垣藩の方に来ていただきました」と振り返っている。その小倉末子が当代一流のピアニストとなっていたのには、次のような事情があった。

末子には、父親と言ってもおかしくない、二十七歳年上の小倉庄太郎（一八六四―一九四六）という兄がいた。庄太郎はドイツのチュービンゲン大学に留学歴があり、ドイツで知り合った妻マリア・ニッチェ（一八六六―一九四〇）と神戸に家庭を持ち、花筵《はなむしろ》の輸出業を営んで成功を収めていた。

末子は三歳のとき、神戸の兄夫婦の家に引き取られ、ドイツ人の義姉マリアを母親代わりに育った。父の周一は末子が六歳のとき、東京で没している。

マリアは実の母親のような愛情を以て末子を慈しみ、当時まだ、通う子どもの非常に少なかった幼稚園にも入園させ、音符の絵遊びのような導入法を工夫して、ピアノの手ほどきをした。こうした義姉を持った上に、住まいは外国人の多い港町、神戸である。教会のオルガンや、海岸通りで定期的におこなわれる楽隊の演奏なども早くから耳にしていたようだ。

当時の日本に、小倉末子のような国際的キャリアを持つピアニストが出現したことは不思議に思えるが、この特異な成育環境を知れば、なるほどとうなずける。

末子の著しい進歩をみたマリアは、優れた外国人教師に末子の指導をバトンタッチする。末子はやがて、神戸女学院と東京音楽学校に学んだのち、ベルリン高等音楽院に留学してハインリヒ・バルトの教えを受け、優秀な成績を収めて卒業を目前にしていた。ところが、第一次大戦が勃発してベルリンに留まり続けることができなくなり、ドイツが国境封鎖する前夜、ドイツを出てイギリス経由、アメリカに移る。ニューヨークとシカゴで演奏会に出演し、その演奏が高く評価されて、シカゴの音楽学校の教授まで務めていた。

大正五年四月に日本郵船の「鎌倉丸」で末子が帰国してきたときは、新聞各紙は一斉に大きな写真記事でこのニュースを報じている。彼女は東京音楽学校の講師に迎えられ、翌年には早くも同校のピアノ科教授に就任した。

演奏活動も活発だった。例えば、帰国の翌月、五月二十七日と二十八日に東京音楽学校第三十一回音楽演奏会に出演して、バッハ作曲、リスト編曲の『イ短調前奏曲とフーガ』を弾いた。すると、六月一日付の『読売新聞』紙上に、次のような批評記事が出た。

　小倉すえ子女史のピヤノは大分期待して行ったが、やはり甘い（うまい）。日本人にはめずらしく細かい音がハッキリして、そこから起こってくる明るい華やかな諧調が特に鮮やかに感ぜられた。

この同じ演奏を、音楽評論家の大田黒元雄はこう評した。

　小倉氏のはバッハ＝リストの『プレリュードとフューグ』で渋い技巧をみせるものであった。さすがに垢抜けのしたところが示された。タッチの至極明快なのが何よりうれしかった。

（『音楽と文学』第一巻五号）

そのほか、この大正時代に末子が日本や演奏旅行先の朝鮮で披露した主なレパートリーは、協奏曲としては、モーツァルトの二台のためのピアノ協奏曲変ホ長調K三六五（萩原英一と）、ベートーヴェンの協奏曲第三番ハ短調、独奏曲としては、ベートーヴェンの主要ソナタ、ウェーバーの『舞踏への招待』、メンデルスゾーンの『厳格な変奏曲』、シューベルトの『さすらい人幻想曲』、ショパンの『バラード』ト短調作品二十三、シューマンの『交響的練習曲』、ブラームスの『自作主題による変奏曲』ニ長調作品二十一の一、『ラプソディー』第一番ロ短調作品七十九の一、といったところである。

そのほか、大正十五年十月十六日に日本青年館で開かれた「室内楽大演奏会」では、ヴァイオリンの安藤幸との共演でグリーグのヴァイオリン・ソナタ、及び、このコンビに来日したチェロのセルゲイ・ストウピンを加えたチャイコフスキーのピアノ三重奏曲『偉大な芸術家の思い出』まで演奏し、「最近の楽界では絶えて見られない大家の顔合わせ」と『東京新聞』に書き立てられた。

つまり、間違いなく、当時の日本で最高の演奏技量を持つピアニストがこの小倉末子だった。これほどの先生が出張レッスンに来てくれたのであるから、愛子も元子も、優れたピアノ教育を受けたものと思われる。

関東大震災

大正十（一九二一）年、六十七歳になった戸田氏共は、明治四十一（一九〇八）年からその任にあった式部長官を退任した。時間のできた彼は、囲碁、謡、仕舞、あるいは鴨猟などいくつもの趣味を楽しんだ。

東京湾のぼら釣りも趣味の一つで、二隻の発動機付き自家用釣り船まで所有していた。釣りの日は、二、三人のお供を連れて早暁から屋敷を出る。釣果のあがらない日は、不きげんな顔で帰宅するが、豊漁のときは得意満面の笑顔で帰ってきて、鮮度のよいうちにと、使いの者をあちこちの親戚に走らせ、釣れた魚を福分けしてはご満悦であった。

そんな長閑な日がしばらく続いたが、大正十二年九月一日、あの関東大震災に遭遇する。その日、戸田氏共・極子夫妻と二人の孫娘は鎌倉の別荘にいた。勤めがあるため東京に残っていた氏秀を除く氏秀一家も、同じ鎌倉にある自分たちの別荘に避暑中だった。

氏共の長女孝子の嫁ぎ先、細川家の別荘もやはり鎌倉の笹目にあり、氏共夫妻はこの日、細川別荘の昼食に招かれて笹目に到着したばかりであった。

午前十一時五十八分、突然、地の底から突き上げてくるような揺れが起こり、大音響と共に家屋の倒壊が始まった。幸い、氏共夫妻は昼食ができるまでと、庭を散歩していたおかげで無事であったが、細川別荘は完全に潰れていた。

一方、氏共の別荘では、愛子と元子、遊びに来ていた三人の弟、氏武、氏克、氏忠と使用人たちが激しい揺れに家から飛び出した。皆が庭先でおろおろしていると、氏秀の別荘に残っていた長男の氏重が駆け付けて、継母の富子と幼い弟妹の無事を伝えた。ほっとしたのも束の間、海のほうからバリバリ、バリバリ、という恐ろしい音が響いてきた。

「津波だ！」

誰言うともなく叫び、全員、長谷の小高い丘、前田侯爵家の別荘のある前田山へ向かって走り出した。途中、多くの家々が倒壊して道がふさがっているところが多かったため、回り道をしながら、やっとのことで前田山に着くと、そこには大勢の避難民が集まってガタガタ震えていた。

そのうちに、氏共の使いの者が彼らを探し当ててくれた。

「殿様がたは佐助稲荷にお逃げになりましたから、皆さまも早くいらっしゃるようにとのことでございます」

ようやく佐助稲荷で戸田一族全員が合流し、恐怖の一夜を明かす。

翌日、東京の氏秀から頼まれた一人の車夫が、夜通し、自転車を漕ぎ、地獄のような惨状の中を抜けて駆け付けて来た。といっても、鎌倉近辺はとても自転車で走れるような道路状態ではなく、その車夫は、自転車を押しながら近づいてきた。疲労困憊して、泥まみれ、汗まみれだった。車夫は、懐から後生大事に守ってきた一通の手紙を取り出した。

「若殿さまからのお手紙でございます」

氏共が開けて読むと、東京では地震の揺れより火事の被害が甚大で、下町は火の海となり、多くの人が焼死したこと、駿河台の氏共邸も全焼したこと、車庫に入れてあったフィアットとダイムラーベンツも、避難する人々の群れが道路を埋め尽くしていたために運び出すことができず、屋敷もろとも焼失したこと、不幸中の幸いに、加賀町の氏秀邸は無事であったことが、簡潔に書かれてあった。

ルイ十六世式の家具調度品、大型オルゴール、ヨーロッパ王室や日本の皇室からの数々の下賜品や勲章、二十丁余りの猟銃、革表紙に金箔の題字の押された膨大な蔵書類、そのほか公使時代の記念の品々や写真類もほとんどすべて灰になった、と知った氏共は茫然として、その日一日、口もきかなかった。

相次ぐ死

大震災のあと、氏共夫妻は愛子、元子と共に、しばらくの間、加賀町の氏秀宅に起居したが、やがて、紀尾井町に仮住まいをみつけて引き移り、その後、牛込若松町に、敷地三千坪、建坪五百坪の既存邸宅が売りに出されていたのを買い取って、そこを新たな戸田伯爵本邸とした。

玄関から幅一間半（約二・七メートル）の長廊下がまっすぐ二十間（十八メートル）も続く大きな屋

戸田極子（大正末期）
大垣市立図書館蔵

敷で、敷地内には、駿河台の屋敷と同様、使用人たちのための長屋が何軒も建てられていた。氏共はそれにさらに手を入れ、男児の孫たちのためには「学問所」と呼ぶ別邸も新築して彼らを引き取り、庭にも新たに石や樹木を配した。

氏秀と富子夫妻とその実子たちは、引き続き加賀町の屋敷に暮らした。二人の間には震災以前に、光子、章子、氏直の三人の子どもが生まれていた。そして、震災の翌大正十三年の春にも、富子は第四子を宿していた。

すると、五月下旬、もともと胃腸の弱かった氏秀が体調を崩して床に就いてしまった。病名は腸チフス。加賀町の家の一室に隔離されて主治医の往診を受ける。一時は、快方に向かうかにみえたが、六月十九日、容態が急変した。

こうして、戸田氏共・極子夫妻は、家の将来を託した愛娘米子に続いて、その婿として迎えた大切な養子まで喪ったのである。四十二歳の若さだった。

九月二十四日、身重だった富子は自身にとっての第四子氏泰を出産する。結婚六年にして四人の幼い子どもたちと共に残された富子はまだ二十二歳。泣くに泣けない思いであったことだろう。

氏秀逝去の大正十三年時点で、最初の妻、米子との間の男児として、氏重、氏武、氏克、氏忠の四人が残されていた。ところが、翌大正十四年に次男の氏武が十五歳で、その翌大正十五年に長男の氏重が二十一歳で、いずれも結核を発病して亡くなった。悪夢のような三年連続の婿と孫たちの死は、老境に差し掛かった氏共・極子夫妻を激しく打ちのめした。

氏重の死と前後して、今は亡き氏秀・米子夫妻の次女の元子が、田安徳川家第九代徳川達孝《さとたか》の世嗣、徳川達成に嫁したことが、せめてもの慶事であった。

三週間後に夫のあとを追う

時は昭和に入り、日本も世界恐慌の影響を受ける中、徳川達成は、ロンドン大学で大砲の勉強をするため、妻元子を連れて英国ロンドンに滞在する。昭和四年一月三十日、ロンドンで長男の宗英《むねふさ》が生まれた。夫妻はその年の十二月に、宗英を抱いて日本の土を踏んだ。

翌昭和五年五月、最初の結婚に破れて戸田家に戻っていた、氏秀・米子夫妻の長女愛子が岡山の旧鴨方藩知事、池田政保子爵の養子で官僚の池田政鋹《まさとし》（一八九九―一九四五）に嫁ぐ。

愛子を再婚させて亡き娘米子との約束を果たすことができ、少し愁眉を開いた極子であったが、その三か月後、米子の三男氏克が亡くなり、またも暗澹とする。次兄、長兄に続く、四兄弟中の三番目の早世であった。若い命を無慈悲に奪った、憎んで余りある元凶は兄たちと同じ結核だった。

戸田氏共　勲一等旭日桐花大綬章を佩用しての正装（1924〈大正13〉年）大垣市立図書館蔵

若い頃の氏共は気性の激しいところもあり、家の中で癇癪を起こすこともあったが、晩年は角がとれて温厚そのものであった。式典などに正装して出掛けるときには多くの勲章をつける。それらを順序正しく、バランスよく、上着に留めるのは極子の役目だった。

長年、わがままな自分によく仕え、盛り立ててくれたこの妻に対し、氏共は、口には出さずとも感謝の念を忘れたことはなく、出掛ければ必ず、何かしら土産を買ってきた。

極子のほうは、屋敷に白木屋呉服店が出入りしていても、自分のものなどただの一度も誂えたことはなく、氏共の着物をみずから縫い直して着用していたほど堅実な性格であったので、「そうたびたびは、よろしゅうございますのに」と、婉曲に断わるのだが、氏共は一向に聞き入れず、次の外出のときも、めずらしい文房具やら髪に飾る手絡やらをたくさん買い込んできて、極子はもちろんのこと、使用人一同にも配ってご満悦であった。

極子が風邪気味で臥っていると、たびたび病室に顔を出して具合を尋ねる。熱でも高かろうものなら、心配して食事も喉を通らない様子だったと、孫の徳川元子は回想している。

その徳川元子の長男で、昭和四年ロンドン生まれの徳川宗英は、幼い頃、母元子に連れられて、若松町の戸田本邸に遊びに行き、曾祖父氏共と曾祖母極子に会ったときの思い出を次のように語ってくださった。

私が最初に、曾祖父と曾祖母にお目にかかったのは、呉から東京に帰って幼稚園に入ってすぐでした。父が海軍の技術将校で、呉の海軍工廠に勤めていましたからね。

若松町の屋敷に行くと、曾祖父は広縁の籐椅子に掛けていました。曾祖父はその籐椅子で、いろいろな種類のエジプト煙草を吸うんですね。変わった模様の箱だったのを覚えています。曾祖母は籐椅子ではなく、座敷にしとやかに坐っていました。座敷の床の間には、お箏が立てかけてありました。曾祖父は若いとき、オーストリアとスイスの両公使でしたから、外国ではしゃれ者として過ごしたようです。

猟が好きでね、イギリスでウサギ狩りをよくやった話などしてくれました。曾祖父は、どちらかというとしゃべり屋でしたので、いろいろな話をしてくれました。猟のとき使う犬は、ポインターとセッターだと話していました。日本に帰ってきてからも、一時期は何頭も飼っていて、私の家にもその子どもの犬をいただいて、十年以上も飼っていました。

外国の話のときは何故かイギリス人並みの言葉となり、ウィーンのことはヴィエナ、パリのことはパリス、チューリヒのことはズゥーリックと言っていました。

そうそう、曾祖父の屋敷に長くいたコックさんが、そのあと、日本橋三越本店のコック長になったんですよ。それで、曾祖父は日曜日になると、あのコックさんの料理を食べに行こう、と言って、家族を三越へ連れて行くなどしていました。

晩年の氏共・極子夫妻の穏やかな日常が浮かび上がってくる。

そんな夫妻の晩年最大の喜びは、昭和十年の春、たった一人残された米子を母とする嫡孫、氏忠が、京都大学経済学部にめでたく合格したことではなかったろうか。米子の息子を三人まで結核で喪っていた極子は、最後の男児嫡孫氏忠に望みをかけ、彼の健康にはことのほか気を配っていた。

昭和十一年、一月二十九日の朝から発熱した戸田氏共は、床から離れられなくなった。侍医の入沢博士が丁寧に診察し、レントゲン検査もおこなうが、はっきりとした結果は出なかった。一時は床の上で新聞も読めたものの、徐々に衰弱が進み、二月十七日の午前七時三十五分、生涯を殿様として、忠義な家臣たちと賢い妻に盛り立てられながら暮らしたこの最後の大垣藩主は、八十一歳五か月の生涯を閉じた。

妻の極子はその三年ほど前から心臓と腎臓を弱らせ、脳溢血も起こして左半身不随のまま介護を受けていたが、夫の死のショックが引き金となってか、それからわずか三週間後の三月十一日、狭心症により、夫氏共のあとを追うようにして旅立った。七十八歳であった。

本書第四章では、日本で初めて油彩画を学んだ貴婦人として、満二十九歳で夭折した鍋島胤子を紹介した。胤子の遺児、鍋島朗子は前田利嗣侯爵夫人となり、かつての加賀百万石の大家を支えた聡明な女性だが、この人は極子と親しい付き合いがあり、氏共、極子夫妻を追悼して旧大垣藩士の親睦会・麋城会《びじょうかい》が編纂した『敬悼録』に「極子様の思ひ出」として次のような文章を寄せている。

極子様は、貞淑才徳すぐれた賢夫人で、日本女性としての典型的な立派な方でした。現代式の日本夫人とはまったく違ったなつかしいお方でした。伯爵の外交官時代は勿論、宮中にお仕えの頃も夫人の御活動御心づかいは一方ではなく、自ら進んで伯爵をお援けになり、大変内助の功を積まれた方でありました。しかし、常に謙遜して少しもそのような様子を人にお見せになさるようなことはありませんでした。

実際の極子をよく知る人の筆だけに、極子の人柄をよく写し取っていて、これまで、随所に引いてきた、孫の徳川元子の語る極子像と見事に一致している。

氏共の死と極子の死の中間にあたる二月二十六日には、陸軍の急進的青年将校の一団が軍部主導政府を樹立しようとして氾濫を起こし、軍備拡張に反対の立場をとる高橋是清蔵相や斎藤実《まこと》内務大臣らを殺害した。反乱は四日後に鎮圧されたが、日本はこのクーデター未遂事件をきっかけに暗い時代に入っていく。

病床にあってもそうした世の動きをしっかりとみつめ、憂いを募らせていた極子は、見舞いに訪れた元子にしみじみと言った。「これから男の子を育てるには、余程気い付けないといけませんよ」。元子にはこのとき、三人の息子がいたのである。「これが祖母のわたしに対する最後の忠告になりました」(徳川元子『遠いうた　七十五年覚え書』)。

残念ながら、その翌昭和十二年の一月、元子は、たった一人残っていた末の弟、京都大学経済学部二年在学中の戸田氏忠まで、看取らなければならなかった。祖父氏共の没後、家督を相続し、二十三歳の青年伯爵となっていた氏忠もまた、三人の兄たちと同じ病で世を去った。憎むべき結核菌は、氏秀・米子夫妻に授かった四人の男児、即ち、極子の血を引く男の孫たちをここに悉く連れ去ったのである。

戸田家は、氏秀と富子の長男、氏直(一九二二―二〇一六)に引き継がれる。

氏共と極子がこの悲しい出来事を知らずに亡くなったことが唯一の救いであろう。

両親に早く死に別れ、男の兄弟すべてを亡くす悲しみに耐えた徳川元子は、祖母の「最後の忠告」を片時も忘れることなく、この先に遭遇する第二次大戦の空襲や戦後の食糧難、生活難から、六人の子どもたちを果敢に守り抜くのである。

エピローグ　極子の音楽遺産

ヘーデンボルク三兄弟

人気、実力とも世界一、二にランクされる名門オーケストラ、ウィーン・フィルハーモニー管弦楽団は、ウィーン国立歌劇場管弦楽団の約百五十名のメンバーのうち、オーディションを経て仲間と認められた約百二十名から構成された自主運営組織である。

毎年、九月から翌年六月までの音楽会シーズン中、月一回、ムジーク・フェラインサールで開催される定期演奏会や元旦のニューイヤー・コンサート、及びその前日のジルヴェスター・コンサートは特に人気があり、質の高さとチケットの入手難で知られる。

二〇二一年現在、このオーケストラの第一ヴァイオリン席に坐るヴィルフリート・ヘーデンボルク（Wilfried Hedenborg）と、チェロのメンバーとして活躍するベルンハルト・ヘーデンボルク

(Bernhard Hedenborg) は兄弟で、兄のヴィルフリートは一九七七年生まれ、弟のベルンハルトは一九七九年生まれである。ベルンハルトの十一歳下にもう一人、ユリアン・ヘーデンボルク (Julian Hedenborg) という弟がいて、このユリアンはピアニストとして幅広い活動を展開している。

三兄弟は子どもの頃より家庭内で様々な組み合わせの室内楽を弾いていたものの、プロとして活動を始めてからは顔合わせが難しくなっていたが、二〇一二年に「ヘーデンボルク・トリオ」を結成し、二〇一七年にはトリオとしての初来日も果たした。日本に演奏旅行に来ることには特別な意味がある。何しろ、日本は母の国なのだ。

三兄弟の母は、戸田悦子さんという、日本人ピアニストである。

幼少からピアノを学んだ悦子さんは、お茶の水女子大学附属中学校、同高等学校時代にもピアノのレッスンを中断することはなく、進路を決める時期が来たとき、このまま日本でピアノを続けるよりはヨーロッパに学びたい、そう考えて、ザルツブルクのモーツァルテウム国立音楽大学に留学した。そして、同音楽大学に学ぶうち、モーツァルテウム・オーケストラのヴァイオリニストとして活躍するスウェーデン人のシュテファン・ヘーデンボルク氏と出会い、同大学卒業後、結婚した。

この夫妻の間に生まれたのが、ヴィルフリート、ベルンハルト、ユリアンの三兄弟なのである。両親は三人にそれぞれ、和樹、直樹、洋の日本名もつけた。母の悦子さんは「日本文化に触れるのは言葉から」という思いから、子どもたちにとにかく日本語で話しかけて育てた。その結果、三人とも現在、美しい日本語を話す。敬語もごく自然に口にする。

長男ヴィルフリート和樹氏は父の手ほどきでヴァイオリンを弾き始め、モーツァルテウム国立音楽大学では、世界的ヴァイオリニスト、ルジェーロ・リッチに師事した。同大学を最優秀の成績で卒業後、ウィーン市立音楽大学で、当時ウィーン・フィルのコンサート・マスターだったウェルナー・ヒンクにも学び、ここも首席で卒業した。国際コンクールの優勝歴も豊富だ。

ウィーン国立歌劇場管弦楽団には二〇〇一年に入団し、二〇〇四年からウィーン・フィルの正式メンバーとなった。弟の直樹ら、ウィーン・フィル団員と組んでの『ニコライ弦楽四重奏団』としても活動するほか、ヴァイオリンの弦の開発にも取り組み、自身の開発した弦が商品化されるなど、音楽全般に優れた業績をあげている。

ヘーデンボルク・トリオ　左より、直樹、洋、和樹
©市川勝弘

次男のベルンハルト直樹氏は、幼い頃、父親と兄がヴァイオリンを弾くのをみて、自分もヴァイオリンを弾こうとしたという。ところが、母の悦子さんは、「家族の中の三人までもがヴァイオリンを弾くより、一人は別の楽器がよいのではないか」と考え、彼がチェロに興味を持つよう、巧みに誘導した。

母の作戦は図に当たり、直樹氏は五歳からチェロを弾くようになる。そして、早くも十二歳でモーツァルテウム管弦楽団と

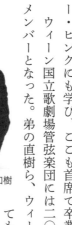

共演し、モーツァルテウム国立音楽大学とウィーン国立音楽大学で、オーストリアきっての名手ハインリヒ・シフの指導を受けた。

一九九三年にはイタリアで開かれた「若い音楽家のための国際チェロ・コンクール」に優勝、二〇〇三年にはバイエルン放送室内管弦楽団との共演でウィーン楽友協会大ホールにコンチェルト・デビューする。スロヴァキア・フィルハーモニー管弦楽団、プラハ交響楽団、読売日本交響楽団、東京都交響楽団などと共演、ウィーン・トーンキュンスラー管弦楽団の首席チェロ奏者を務めたのち、二〇一一年にウィーン国立歌劇場管弦楽団に入り、二〇一四年からウィーン・フィルの正団員となった。そのほか、ピアノ四重奏団「アンサンブル・ラロ」のメンバーとしても、ヨーロッパと日本で活発な演奏活動を繰り広げている。

三男のユリアン洋氏は、五歳からヴァイオリンを、六歳からピアノを弾き始め、子どもの頃はどちらの楽器のコンクールでも優勝または上位入賞を重ねていた。兄たちと同じ、モーツァルテウム国立音楽大学、ウィーン国立音楽大学に学び、ヨーロッパ各地の国際コンクールのピアノ・ソロ、室内楽部門に第一位、グランプリなどを受賞する。その後、クラシック以外の音楽にも興味を持って、多彩なジャンルに活躍してきた。そうした体験を踏まえたのちに、再びクラシック音楽に重点を置くようになり、二人の兄たちと組んだ「ヘーデンボルク・トリオ」の活動も大切にしている。

溶け合う楽の調べ

本書の主人公、戸田極子の夫戸田氏共は、大垣戸田氏の祖・戸田氏鉄（一五七六―一六五五）から数えて十一代目の藩主であった。

戸田氏鉄の四男の五郎左衛門氏頼は分家して大垣藩の家老職を務め、五郎左衛門系戸田氏の初代となったが、実は、この氏頼から数えて十一代目の戸田捷五郎が悦子さんの父である。従って、ヘーデンボルク三兄弟の母方の家系を遡ると戸田氏鉄に行き着く。つまり、三兄弟と戸田氏共は先祖を一にする。

不思議な運命の糸としか言いようがないが、十九世紀末に戸田氏共が特命全権公使として赴任し、妻の極子がブラームスに箏を聴かせたそのウィーンで、二十一世紀の今、同じ先祖を持つヘーデンボルク三兄弟のうちの二名がウィーン・フィルハーモニー管弦楽団に在籍してブラームスの交響曲をはじめとするオーケストラ・レパートリーを奏で、ピアニストの弟を加えた三名でクラシックの室内楽曲の伝播に励んでいる。

はるかに遠い縁戚関係とはいえ、戸田極子ゆかりのヘーデンボルク戸田兄弟をウィーン・フィル・メンバーに見出したことは、本書の取材中でもっとも嬉しい出来事であった。

筆者は二〇一四年十月八日に、横浜みなとみらいホールで開かれた直樹氏のチェロ・リサイタルを拝聴した折に、ご本人、及び母上の悦子さんと知り合い、その後、何度か聴かせていただき、お話もうかがってきた。

二〇一七年九月二十二日にはサントリーホール・ブルーローズで、同ホール主催チェンバーミュージック・ガーデンの一環として「ヘーデンボルク・トリオ日本デビュー・リサイタル」が開かれるというので、わくわくしながら足を運んだ。会場には、三兄弟の父シュテファン氏と、三兄弟の祖母にあたる悦子さんの母上、戸田銀子さんもみえて、感慨深げに耳を傾けておられた。

曲目は、ベートーヴェンの『ピアノ三重奏曲第一番変ホ長調』作品六十一、ハイドンの『ピアノ三重奏曲第三十一番変ホ短調』、ブラームスの『ピアノ三重奏曲第一番ロ長調』作品八の三曲。ヴァイオリンの和樹氏から無言のオーラが発され、それをチェロとピアノが敏感に受け止めて、実にバランスのとれたアンサンブルが紡がれていた。ベートーヴェンの第二楽章では心に染み入るチェロの歌を聴くことができ、ハイドンではしっとりとした情感を味わい、ブラームスは楽章を追うごとにぐんぐんと熱を帯びて胸の高鳴りのうちに結ばれた。

鳴りやまぬ拍手喝采。すると、直樹氏がマイクをとった。

「皆さま、お疲れさまでした。ブラームスの熱狂のままお帰りいただきますと、興奮なさってよくおやすみになれないといけませんので、静かな曲をお送りしましょう。これで熱を冷ましてからお帰りください」

見事な日本語だ。演奏されたのは、ハイドンの『ピアノ三重奏曲第三十九番』の第二楽章ポコ・

アダージョ・カンタービレ。ゆったりとした美しい弦の和音にピアノの粒がはらはらとこぼれかかり、中間部ではヴァイオリンがあでやかに歌う。直樹氏の言葉通り、先ほどのブラームスの終楽章で掻き立てられた興奮が、静かに心地よく冷めていくのだった。

百三十年前のウィーンで、戸田極子の奏でた箏の調べは、極子のピアノの師のボクレットや大作曲家ブラームスを始め、当時のウィーンの音楽人、文化人らを魅了した。

一九八五年にはその史実があきらかとなり、それが知られていくにつけても、日本とオーストリアの文化交流、音楽交流はますます盛んになっている。

二〇一九年は日墺修好通商航海条約締結百五十年に当たるため日墺友好百五十周年を祝い、サントリーホール主催『音楽のある展覧会』が東京のホテル・オークラ別館アスコットホールで開催され、ウィーン楽友協会の貴重な収蔵品、及び守屋画伯の『ウィーンに六段の調』が特別展示された。

もともと、この日墺修好通商航海条約には、治外法権、領事裁判権など、日本にとって不利な条項が盛り込まれていたために、戸田公使夫妻はその改正を目指して苦労の日々を送ったので、考えてみれば、不平等条約締結百五十周年を記念するというのも皮肉な話かもしれない。しかし、夫妻はオーストリアと日本の対等な関係こそが真の友好と信じて、大切な花瓶を売ってまで外交努力を続け、その一環として極子が箏を弾いた。

ウィーン赴任中には目にみえる成果があがらなかったにせよ、夫妻がオーストリアの人々と懸命に友好関係を築き上げた、その努力が布石となって、一八九九年に条約改正が実現された。だから、日本オーストリア友好百五十周年記念年祝賀の陰に、戸田夫妻の外交努力を忘れてはならないであろう。そして、極子の音楽親善も語り継がれていくべき話であると、筆者は考えている。

十一月には、例年通り、ウィーン・フィルハーモニー管弦楽団が来日し、サントリーホールの主催のもと、大和ハウス工業株式会社の特別協賛とオーストリア大使館の後援を受けて、五日、十一日、十三日、十五日の四回の演奏会を開催した。

そのヴァイオリン席にはヴィルフリート・和樹・ヘーデンボルク氏の、チェロ席にはベルンハルト・直樹・ヘーデンボルク氏の姿がみられた。

二〇一九年にウィーン・フィルが東京に響かせたヨハン・シュトラウス二世の『こうもり』序曲やブルックナーの交響曲第八番、あるいはリヒャルト・シュトラウスの交響詩は、一八八八年に戸田極子がウィーンで奏でた『六段の調』と、時空の彼方で一つに溶け合うかに感じられた。

（二〇二〇年八月二十三日）

追記

世界的感染症流行中の二〇二〇年十一月、来日の危ぶまれていたウィーン・フィルハーモニー管弦楽団の日本公演が実現した。

大多数の外来演奏家の来日が不可能となる中、専用チャーター便を用い、日本国内の移動もすべて専用バスか新幹線車輛貸し切り、ホテルもフロア貸し切り、ホテルと演奏会場往復以外の外出自粛、連日の検温、四日ごとのPCR検査義務付け等の厳しい条件をみずから課した上での異例の来日実現で、オーストリア首相から日本の首相宛てに、来日許可を求める特別親書も書かれた。

そのステージ上には、ヘーデンボルク兄弟の姿もみられた。残念ながら、付随して企画されていた室内楽演奏会は実現せず、個人的面会も叶わなかったが、戸田極子ゆかりのヘーデンボルク兄弟が、この困難多き年にも日本の土を踏み、ウィーン・フィル独特の柔らかな調べを奏でてくれたことは嬉しい限りだった。

この付記を書いている二〇二一年四月段階では、初夏恒例の、サントリーホール・チェンバーミュージックガーデンの一連の公演中、六月二十日、日曜日の昼公演、及び、二十一日、月曜日の夜公演が、ヘーデンボルク・トリオの「ベートーヴェン&ブラームス」演奏会とされている。二十日の演奏会では、ベートーヴェンのピアノ三重奏曲第四番 変ロ長調 作品十一『街の歌』、ブラームスのピアノ三重奏曲第三番 ハ短調 作品一〇一、同じくブラームス：ピアノ三重奏曲第二番 ハ長調 作品八十七が予定され、二十一日の演奏会では、ベートーヴェン作曲『ヴェンツェル・ミュラーの「私は仕立屋カカドゥ」による変奏曲 ト長調』作品一二一a、及び、ピアノ三重奏曲第五番 ニ長調 作品七十一一『幽霊』、ブラームス作曲、キルヒナー編曲の弦楽六重奏曲第一番 変ロ長調 作品十八のピアノ三重奏用編曲版が予定されている。

戸田極子ゆかりのヘーデンボルク三兄弟と、日本との絆は、このようにして、少しずつ、しかし確実に深まっている。

（二〇二一年四月十九日）

あとがき

日本の洋楽受容の歴史を調べていくと、何人かの女性の名と出会った。本場ヨーロッパでもつい近年まで、作曲家はもとより、音楽関係者に女性の名を見出すことは稀であったのに、洋楽黎明期の日本に何らかの形で西洋音楽と関わった女性がいた。同性として誇らしいことに思った筆者は、彼女たちがどのような経緯から洋楽、または洋楽音楽家に触れることになったのか、そこにどんな意義があったのかを探り、彼女たちの稀有な人生を歴史の大河の中に描き出したいという大それた望みを抱くようになった。

この望みのもと、まず二〇〇三年に上梓したのが、日本政府派遣の音楽留学生第一号と第二号としてヨーロッパに学び、帰国後、ともに東京音楽学校教授となった姉妹の評伝『幸田姉妹　洋楽黎明期を支えた幸田延と安藤幸』（ショパン）であった。

次に紹介したいと思ったのは、プッチーニがオペラ『蝶々夫人』を作曲するに際し、彼に日本音楽を聴かせ資料提供した駐イタリア公使夫人の話と、ブラームスに箏を弾いて聴かせた在オーストリア公使夫人が近代史の稀なる体現者であったことであった。

そこで、二人とも外交官夫人であったという共通項を頼りに、二人を主役とするダブル評伝にまとめ上げようと試みたが、どうしても散漫な印象になってしまう。書きあぐねて、一度は放置してしまった。しかし、二〇一八年がプッチーニ生誕百六十年に当たることに勇気を得て、思い切って二つの構想を切り離し、まず前者を『蝶々夫人』と日露戦争　大山久子の知られざる生涯』として中央公論新社より出版させていただいた。

こうして、いよいよもう一人の、ブラームスに箏を聴かせた公使夫人の評伝として、今回ようやく刊行の運びとなったのが本書である。幸いにも、中央公論新社の名編集者、郡司典夫氏が『蝶々夫人』と日露戦争　大山久子の知られざる生涯』に続き本書も快く手掛けてくださった。同氏に心より感謝を捧げたい。

明治維新の立役者の一人、岩倉具視の娘に生まれた戸田極子は、幼少期には父の不遇どころか命の危機も傍らで経験し、十三歳で最後の大垣藩主に嫁ぎ、条約改正の悲願を抱く明治政府の苦肉の外交策、鹿鳴館舞踏会に駆り出されて、お国のためにと必死にダンスのステップを踏んだ。やがて、オーストリア公使に任命された夫と共にウィーンに渡ると、条約改正に向けた外交成果をあげるために、ウィーンの要人、文化人らと積極的に交際した。子どもたちのためには音楽教師も雇った。するとある日、ブラームスが公使館にやってきて極子に箏演奏を所望した。戸田家の音楽教師ボクレットが極子の奏でる日本音楽を採譜した『日本民謡集』を入手したブラームスが、そこに掲載された五線譜と実際の箏の調べとの異同を知りたいと切望したからである。

極子はそのリクエストに応え、ブラームスに洋楽のフィルターを通さない、純正の日本音楽を提供して彼の音楽的好奇心を満たした。それが可能であったのも、幼い頃から山田流箏曲を学んだ極子が、優れた演奏能力を身に着けていたからだ。

極子の後半生も、真摯でひたむきなものであった。ただ一人の男児を病魔に連れ去られ、婿をとって戸田家の存続を託した次女にも、その婿にも早世されたのちは、孫娘二人の母となって厳しくも温かな家庭教育を施した。鹿鳴館の華と謳われ、美貌ゆえに伊藤博文から狼藉を受けかけた伯爵夫人が、実はこれほど地に足のついた堅実な女性であったこと、そして、かのブラームスに日本音楽を伝授した音楽外交官でもあったことを、同時代の他の魅力的な女性たちにも登場してもらいながら、拙い筆で精一杯綴った。

実際の極子を知る曽孫、徳川宗英氏が快く取材に応じてくださったことは、その大きな力となった。

蓮光寺の戸田家墓所に北向きに並んで建つ極子と氏共の五輪塔を東側より撮影。極子の五輪塔には戒名「淳徳院殿惠譽妙操貞極大姉」が三つに分かち書きされていて東側面には「貞極大姉」が刻まれている。

そしてもう一つ、極子の夫と先祖を同じくするヘーデンボルク＝戸田兄弟が、ブラームスと極子の交流地ウィーンで、ウィーン・フィルハーモニー管弦楽団の一員として日々音楽を奏でているばかりではなく、ピアニストとなった末弟を加えた三兄弟でトリオも組んで、日本にも演奏旅行を繰り広げているという奇しき巡り合わせも、最後に紹介させていただいた。
昨日、筆者は戸田家の菩提寺、駒込の蓮光寺に何度目かの墓参にうかがい、氏共・極子ご夫妻に、先祖を同じくされるウィーンの音楽家、ヘーデンボルク＝戸田三兄弟の来日公演が近々予定されていることを報告した。すると、西陽に照らされた二基の五輪塔が微かにうなずいたかのように感じられた。

萩谷由喜子

二〇二一年四月二十七日

戸田極子関係系図

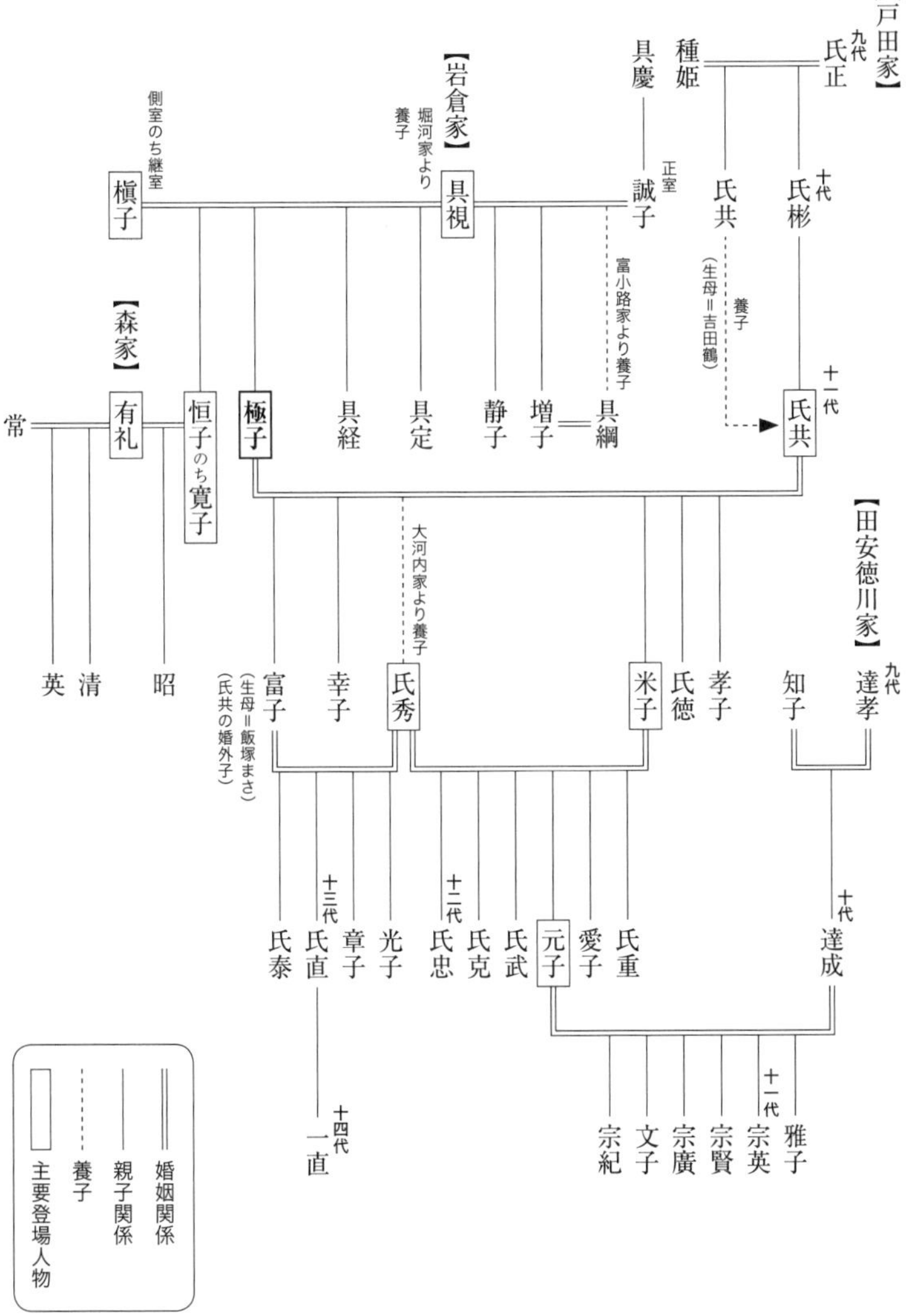
【戸田家】
九代 氏正
種姫
具慶
十代 氏彬
氏共
（生母＝吉田鶴）
養子
正室 誠子
【岩倉家】
具視
堀河家より養子
槇子
側室のち継室
富小路家より養子
十一代 氏共
具綱
増子
静子
具定
具経
極子
恒子のち寛子
【森家】
有礼
常
【田安徳川家】
九代 達孝
知子
孝子
氏徳
米子
大河内家より養子
氏秀
幸子
富子
（生母＝飯塚まさ）
（氏共の婚外子）
昭
清
英
十代 達成
氏重
愛子
元子
氏武
氏克
十二代 氏忠
光子
章子
十三代 氏直
氏泰
十四代 一直
雅子
十一代 宗英
宗賢
宗廣
文子
宗紀
婚姻関係
親子関係
養子
主要登場人物

戸田極子関連年譜

1854年　戸田氏共、大垣藩第九代藩主戸田氏正の末子として生まれ、幼少時に兄氏彬の養子となる。
1857年　岩倉極子、下級公家岩倉具視の次女として生まれる。母は側室野口槇子。
1865年　戸田氏共、兄で養父の氏彬逝去に伴い大垣藩第十一代藩主となる。
1868年　戸田氏共、戊辰戦争で官軍の先鋒を務めて明治天皇から恩賞を受ける。
1869年　戸田氏共、版籍奉還により大垣県知事に任命される。日本オーストリア外交条約調印。ブラームス『ハンガリー舞曲集』第一集、第二集、1880年に第三集、第四集出版。
1871年　戸田氏共、岩倉極子と結婚、知事を辞職して渡米、ニューヨーク州トゥロイのテクニカル・インスティチュートで鉱山学を学ぶ。
1876年　戸田氏共、アメリカより帰国、工部省鉱山局に勤務、伊藤博文の憲法調査団に加わり私費で渡欧。
1877年　長女孝子誕生。
1878年　長男氏徳誕生。
1879年　次女米子誕生。
1881年　三女幸子誕生。
1883年　コンドルの設計になる鹿鳴館落成。戸田極子、鹿鳴館の華と謳われる。
1884年　戸田氏共、華族令の制定により伯爵を授爵。
1886年　レメーニ来日、鹿鳴館でパガニーニのカプリス、ハンガリー舞曲など演奏。
1887年　10月、戸田伯爵、駐墺特命全権公使として家族とともにウィーンへ赴任。
1888年　戸田家の音楽教師ボクレット、極子の箏演奏から採譜した『日本民謡集』出版。ブラームス、極子の箏演奏を聴き『日本民謡集』に注を書き込む。
1889年　ハンスリック、『新ウィーン音楽時報』に『日本民謡集』書評執筆。パリ万国博覧会開催。ドビュッシーがジャワのガムラン音楽に接しそれにインスパイアされて1903年に『版画』第1曲「塔（パゴダ）」作曲。
1890年　7月、戸田伯爵一家ウィーンより帰国。
1891年　ブラームス『クラリネット五重奏曲』作曲。
1892年　7月9日、戸田夫妻の長男氏徳、ジフテリアに罹患して14歳で逝去。
1897年　4月3日、ブラームス没。享年64。
1903年　戸田氏共・極子夫妻、次女米子に大河内子爵家の当主の弟、大河内輝耡を婿養子として迎え、氏秀と改名させる。
1904年　戸田氏秀・米子夫妻に長男氏重誕生。
1905年　戸田氏秀・米子夫妻に長女愛子誕生。
1907年　戸田氏秀・米子夫妻に次女元子誕生。
1910年　戸田氏秀・米子夫妻に次男氏武誕生。
1911年　戸田氏秀・米子夫妻に三男氏克誕生。
1913年　戸田氏秀・米子夫妻に四男氏忠誕生。
1916年　7月9日、戸田米子、虫垂炎から腹膜炎を併発して逝去。享年37。
1918年　戸田氏秀、養父戸田氏共の庶子富子と再婚。愛子と元子は駿河台の氏共邸に移り祖母極子の厳格な家庭教育を受ける。ピアノの師は小倉末子。
1923年　9月1日の関東大震災により駿河台の戸田氏共邸全壊。
1924年　6月19日、戸田氏秀、腸チフスにより逝去。享年42。
1925年　9月16日、戸田氏武逝去。享年15。
1926年　2月19日、戸田氏重逝去。享年21。4月16日、戸田元子、徳川達成と結婚。
1930年　8月21日、戸田氏克逝去。享年18。
1936年　2月17日、戸田氏共逝去。享年81。3月11日、戸田極子逝去。享年78。
戸田氏共の戒名　慶徳院殿仁譽温恭大居士
戸田極子の戒名　淳徳院殿恵譽妙操貞極大姉
1937年　1月15日、戸田氏忠逝去。享年23。

主要参考文献

単行本

『秋の日本』ピエール・ロチ（村上菊一郎、吉永清訳）、角川書店、一九五三年
『名ごりの夢　蘭医桂川家に生まれて』今泉みね、金子光晴解説、平凡社、一九六三年
『明治の女性たち』島本久恵、みすず書房、一九六九年
『母　その悲しみの生涯』有馬頼義、文藝春秋、一九六七年
『紀尾井町時代の幸田延』日本洋楽資料収集連絡協議会編、一九七七年
『岩倉公実記』多田好問編、原書房、一九七九年
『鹿鳴館貴婦人考』近藤富枝、講談社、一九八〇年
『一本の樫の木　淀橋の家の人々』関屋綾子、日本基督教団出版局、一九八一年
『和宮様御留』有吉佐和子、講談社、一九八一年
『遠いうた　七十五年覚え書』徳川元子、講談社、一九八三年
『鹿鳴館　擬西洋化の世界』富田仁、白水社、一九八四年
『澤田節蔵回想録　一外交官の生涯』澤田壽夫編、有斐閣出版サービス、一九八五年
『文明開化の英語』高梨健吉、中央公論社、一九八五年
『ブラームス』三宅幸夫、新潮社、一九八六年
『戸田氏共公』戸田氏共公顕彰事業実行委員会　一九八八年
『鹿鳴館の貴婦人　大山捨松』久野明子、中央公論社、一九八八年
『津田梅子』大場みな子、朝日新聞社、一九九一年
『銀のボンボニエール』秩父宮勢津子妃、主婦の友社、一九九一年
『梨本宮伊都子妃の日記　皇族妃の見た明治・大正・昭和』小田部雄次編、小学館、一九九一年

『ベルギー公使夫人の明治日記』エリアノーラ・メアリー・ダスタン（長岡祥三訳）、中央公論社、一九九二年
『ブラームス』ハンス・A・ノインツィヒ（山地良造訳）、音楽之友社、一九九四年
『郷土大垣の輝く先人』大垣市文教協会編、一九九四年
『新編　思い出す人々』内田魯庵、紅野敏郎編、岩波文庫、一九九四年
『提琴有情　日本のヴァイオリン音楽史』松本善三、レッスンの友社、一九九五年
『平成新修　旧華族家系大成』下巻、霞会館、一九九六年
『ブラームスの「実像」　回想録、交遊録、探訪記にみる作曲家の素顔』日本ブラームス協会編、音楽之友社、一九九七年
『ブラームス　生涯と芸術』カール・ガイリンガー（山根銀二訳）、芸術現代社、一九九七年
『幸田姉妹　洋楽黎明期を支えた幸田延と安藤幸』萩谷由喜子、ショパン、二〇〇三年
『舞踏への勧誘　日本最初の女子留学生永井繁子の生涯』生田澄江、文芸社、二〇〇三年
『ブラームスの生涯』上下、クロード・ロスタン（森健二訳）、青山社、二〇〇五年
『幻影の明治』前田愛、岩波書店、二〇〇六年
『相思空しく　陸奥宗光の妻亮子』大路和子、新人物往来社、二〇〇六年
『岩倉具視　言葉の皮を剝きながら』永井路子、文藝春秋、二〇〇八年
『お公家さんの日本語』堀井令以知、グラフ社、二〇〇八年
『明治の女子留学生――最初に海を渡った五人の少女』寺沢龍、平凡社新書、二〇〇九年
『物語　幕末を生きた女１０１人』『歴史読本』編集部編、新人物往来社、二〇一〇年
『ピアニスト小倉末子と東京音楽学校』津上智実、橋本久美子、大角欣矢、東京藝術大学出版会、二〇一一年
『姫君たちの明治維新』岩尾光代、文藝春秋、二〇一八年
『ルドルフ・ディットリヒ物語』平澤博子、論創社、二〇一九年

パンフレット

「音楽のかけ橋　百年前にウィーンで出版された「日本民謡集」の謎」大宮眞琴、『神奈川文化』NO. 308、神奈川県立図書館、一九八五年九月・一〇月所収
「ボクレット・戸田伯爵・ブラームス」「音楽のかけ橋――

百年前にウィーンで出版された「日本民謡集」の謎」（前掲コラムの加筆）大宮眞琴、「赤いはりねずみ」第24号、一九九四年所収
「最後の大垣藩主戸田氏共伯爵夫妻とボクレットの日本民謡集」大宮眞琴、「ウィーンと大垣をつなぐ音楽のかけ橋」大垣市文化連盟、一九八六年所収
「日本音楽を西洋に紹介した琴の名手」「大垣から世界へ羽ばたいた天才ピアニスト小倉末子」、「大垣市政90周年記録集」大垣市企画部秘書広報課編、二〇〇九年所収

新聞記事

「仔細あり気な咄といふは」、『東京日日新聞』一八八七年四月二十八日
「強姦余聞」、『めさまし新聞』一八八七年五月五日
「弁蒙」、『朝野新聞』一八八七年六月二日
「百年前しのぶ調べ～ウィーン大垣つなぐ音楽のかけ橋交歓会」、『毎日新聞』一九八七年五月三日
「大垣市とウィーン　音楽の架け橋」、『中日新聞』一九八七年五月三日
「一世紀前に馳せる思い」、『朝日新聞』一九八七年五月三日
「東西音楽交流１００年後の追跡」、『中日新聞』一九八八年四月二十八日、二十九日

執筆協力

徳川宗英（田安徳川家第十一代当主）、鈴木隆雄（大垣市文化事業団）、高田康成（大垣市教育委員会）、古館多寿子（守屋多々志画伯長女・守屋多々志美術調査研究センター／センター長）、牧岡さつき（大垣市守屋多々志美術館）、関晶子（大垣市）、戸田悦子ヘーデンボルク（ピアニスト、在ザルツブルク）、ヴィルフリート・和樹・ヘーデンボルク（ヴァイオリニスト、ウィーンフィル在籍）、ベルンハルト・直樹・ヘーデンボルク（チェリスト、ウィーンフィル在籍）、ユリアン・洋・ヘーデンボルク（ピアニスト）、中野浩明（カメラータトウキョウ社長）、久野明子（社団法人日米協会副会長）、二宮玲子（作曲家）、津田塾大学、霞会館、サントリーホール

【ま】

【や】

【ら】

【な】

【は】

【さ】

【た】

人名索引

萩谷由喜子（はぎや・ゆきこ）

音楽評論家。東京都文京区生まれ。日舞、邦楽とピアノを学び、立教大学卒業後音楽教室を主宰する傍ら音楽評論を志鳥栄八郎に師事。専門研究分野は女性音楽史、日本のクラシック音楽受容史。『音楽の友』『モーストリークラシック』等の公演評欄を担当、日本経済新聞に執筆。NHKラジオ深夜便等放送番組に随時出演、千代田区かがやき大学講師。主な著書に『五線譜の薔薇』『音楽史を彩る女性たち』『幸田姉妹』『田中希代子』、『諏訪根自子』、『クロイツァーの肖像』『音楽家の伝記〜クララ・シューマン』『音楽家の伝記〜モーツァルト』、『宮澤賢治の聴いたクラシック』、『『蝶々夫人』と日露戦争』等がある。ミュージックペンクラブ・ジャパン会員、山田流協会、日本三曲協会会員。

ウィーンに六段《ろくだん》の調《しらべ》
——戸田極子《とだきわこ》とブラームス

2021年6月25日　初版発行

著　者　萩谷由喜子《はぎやゆきこ》

発行者　松田陽三

発行所　中央公論新社
〒100-8152　東京都千代田区大手町1-7-1
電話　販売 03-5299-1730　編集 03-5299-1740
URL http://www.chuko.co.jp/

印　刷　大日本印刷
製　本　小泉製本

Published by CHUOKORON-SHINSHA, INC.
Printed in Japan　ISBN978-4-12-005446-4 C0021